KB269925

初级

발간사

국내외에서 한국어 학습에 대한 열기는 과거 그 어느 때와 비교할 수 없을 정도로 뜨거워지고 있다. 학습자의 변인도 다양해졌고 이들을 대상으로 하는 한국어 교육기관과 교육과정도 다양해지고 있다. 상명대학교 국제언어문화교육원은 이러한 변화에 발맞추어 국내외 한국어 학습자의 다양한 욕구를 충족시키고자 교재 개발에 착수하여 이제 첫선을 보이게 되었다.

'Master KOREAN'이라는 이름으로 개발되는 한국어 교재는 모두 1~6급의 6단계로 구성되는데 각 단계를 마칠 경우 기존의 한국어능력시험(TOPIK)의 해당 등급에 도전할 수 있도록 교육 목표가 설정되어 있다.

이러한 교재 개발의 계획 하에서 첫 번째로 선을 보이는 'Master KOREAN 1 上'과 'Master KOREAN 1 下'는 한국어를 배우고자 하는 초급 단계 학습자를 위하여 집필되었다. 학습자가 이 책을 사용할 경우 한국어의 기본 구조와 표현을 익히고, 다양한 활동을 통해 연습을 하고, 의사소통 상황에서 요구되는 한국 문화를 학습함으로써 한국어 의사소통 능력을 총체적으로 키우는 데 목표를 두고 있다.

이 책은 교재 개발의 최신 경향을 적용하여 한국어에 대한 지식, 한국어 사용 기술, 한국 문화 등을 짜임새 있게 구성되었다. 집필진은 다년간 축적된 한국어 교육 경험과 실증적인 데이터를 활용하여 한국어 학습자가 쉽고 재미있게 학습할 수 있도록 하였다. 특히 과제 수행 중심의 교수 원리를 폭넓게 적용하고 다양한 시각 자료와 음성 자료를 함께 제시함으로써 사용자의 학습 수월성을 높이고자 하였다. 뿐만 아니라 전세계 곳곳에서 개인적으로 한국어를 배우는 학습자를 위하여 주요 학습 내용을 상세하게 설명하고 연습 문제를 충분히 제시하였고, 필요하다고 생각되는 부분에서는 외국어를 함께 사용하고 있다.

국내외에서 한국어 교육에 대한 열기가 전에 없이 크게 일고 있는 이 시점에 이렇게 체계적으로 개발된 'Master KOREAN'이 국내외 한국어 학습자의 욕구를 일정 수준 충족하게 되기를 기대해 본다.

2013년 4월
상명대학교 국제언어문화교육원장
조항록

近年来，随着国内外韩语学习热潮的空前高涨，韩语学习者的群体也日趋多样化，各种韩语课程和培训机构更是层出不穷。祥明大学国际语言文化教育学院着眼现况，旨在编写一套有效实用的韩语教材，以此汇集自身的韩国语教学成果，并满足海内外热衷于韩语学习人士的热切需求。

这本《掌握韩语》共有六册，分为6个等级，我们按照韩国语能力考试(TOPIK)的相关等级要求来设定教材等级。

在此原则的指导下，最先出版发行的《掌握韩语 1-上》和《掌握韩语 1-下》是专门为韩国语初学者编写的一门入门教程。旨在让韩语初学者熟练掌握韩国语的基本结构和表达方法，通过多种多样的活动形式练习韩国语，并学习会话时所需要的韩国文化，最终循序渐进地达到用韩语自如交流的境地。

本书采用最新颖的教材编写原理。本书由韩语必备知识，韩语应用技巧以及韩国文化等构成。编者在编撰过程中还特别注重将丰富的韩语教学实战经验与具体教学实例相结合，旨在让韩语初学者能在轻松愉悦的氛围下熟练掌握韩国语。特别是本书大量运用场景模拟训练原理，并提供丰富的影像视听资料，从而能够使韩语学习者的学习更加有效、便捷。

此外，本书还为世界各地自学韩语的学习者提供了详尽的知识点讲解及大量的实用练习题，在有需要的部分我们还使用了相应的外语进行共同讲解。

现今，国内外的"韩国语教育热潮"正以前所未有的态势席卷而来。在这一关键时期，希望《掌握韩语》的编辑和出版，能较好地满足国内外韩国语学习者的要求。

2013年 4月

祥明大学国际语言文化教育学院院长

赵恒錄

전체 구성

한글을 익힐 수 있는 예비편과 10개의 장으로 구성되었다. 각 장은 4개의 과, 1개의 복습으로 구성하였다. '도입–대화–어휘–문법 1–연습 1–문법 2–연습 2–과제–발음'의 순서로 각 단원의 끝에는 복습 문제와 한국 문화를 제시하였다.

단원의 목표 제시

각 장의 앞에는 학습할 어휘, 문법, 과제를 제시하여 학습자가 학습 목표를 인지하고 학습을 시작할 수 있도록 하였다.

도입

시각 자료를 통해 학습자가 학습할 주제와 문형의 의미를 추측할 수 있도록 하면서, 학습에 초점을 맞춘 도입 질문으로 호기심을 느낄 수 있도록 하였다.

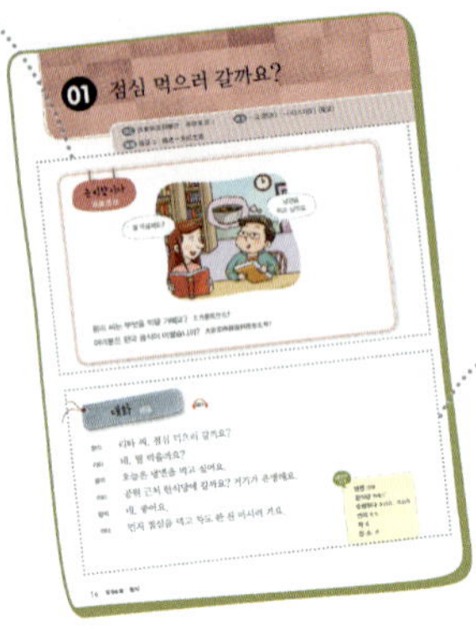

대화

한국어 의사소통 전략을 반영하여 주제와 목표 문법에 맞는 대화문을 제시하였다. 학습자의 학습량을 고려하여 1~5장은 대화를 2쌍으로, 6~10장은 3쌍으로 하여 발화 길이를 점진적으로 증가시켰다.

어휘

각 과와 관련된 초급 어휘를 주제별로 범주화하여 제시하였고, 이를 시각적 이미지로 구현하여 쉽게 기억하고 활용할 수 있도록 하였다.

매 과마다 문법과 문형을 2개씩 학습하도록 하였다. 각 문형의 의미, 기능, 형태를 기술하고 가장 적합한 사용 예문을 보여 주었다.

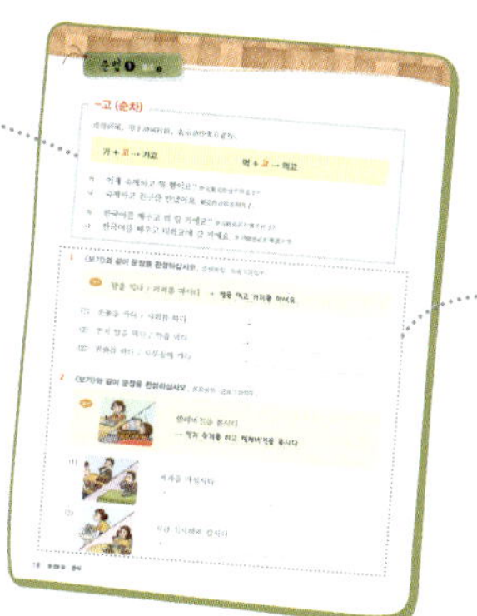

문법에 대하여 제시된 〈보기〉와 같이 문장 및 대화를 연습해 보고, 목표 문법의 이해를 확인할 수 있도록 하였다.

언어의 네 기능인 '듣기, 말하기, 읽기, 쓰기'를 통합 과제로 제시하여, 각 과의 주제에 맞는 활동을 하도록 함으로써 목표 문법을 연습하고 활용할 수 있도록 하였다. 과제는 주제의 특성에 따라 '듣기/말하기', '읽기/쓰기', '말하기/쓰기' 등으로 다양하게 구성하였다.

학습자가 음운 현상을 이해하기 쉽도록 발음 규칙과 예문을 함께 제시하였다. 음운을 구별하는 청취 연습과 듣고 쓰기 연습을 포함하였다. 1~5장은 어휘나 어절 단위로, 6~10장은 문장 단위로 듣고 쓰기 연습을 하여 단계적으로 한국어 발음에 익숙해지도록 하였다.

각 장의 1~4과를 학습한 후, 학습자 스스로 그 장에서 배운 어휘, 문형 등을 종합적으로 복습하면서 스스로 학습 상황을 점검할 수 있도록 하였다.

문화

각 장의 주제와 관련한 기본적인 문화 정보를 번역으로 제시하여 한국인의 생활과 문화에 대한 학습자의 호기심을 충족시킬 수 있도록 하였다. 또한 학습자의 문화와 비교해 볼 수 있는 비교문화적인 내용을 다수 포함하였다.

整体构成

本书由认知韩语的预备篇和10个主题章节构成，每章共设4课新课及1个复习模块，整体构成顺序为'导入 — 会话 — 词汇 — 句型 1 — 练习 1 — 句型 2 — 练习 2 — 课后练习题 — 发音'，同时在每单元结尾处都设有综合复习模块及韩国文化赏析模块。

学习目标提示

在每篇课文前面提示本课将要学习的词汇、语法以及课后练习题，能够使学习者明确学习目标。

导入

通过生动的视觉资料学习者能够预测该课的学习主题以及相关句型的含义。同时导入的问题还能够引发学习者的好奇心。

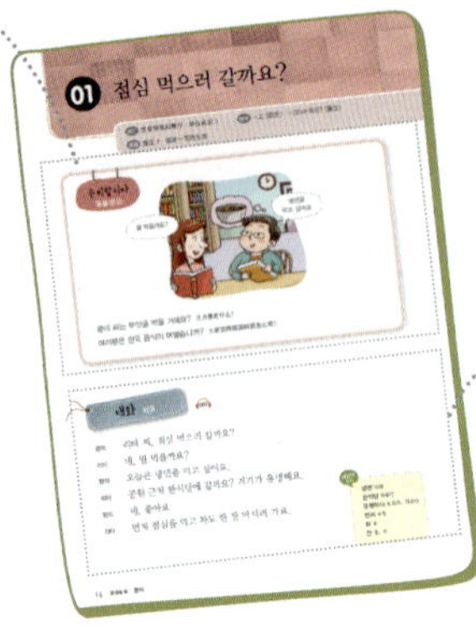

会话

本教材选取韩国人日常生活中最常用的表达方式，并全面考虑初学者的接受能力，1–5章设有4个会话，6–10章设有6个会话，会话长度也是逐步递增。

词汇

每课将与主题相关的初级词汇进行归类呈现，并运用多种视觉图像使韩语初学者能够有效地识记并应用单词。

语法

每课均设有两个语法和句型。
通过最恰当的例文来讲解每个
句型的含义、功能和形态。

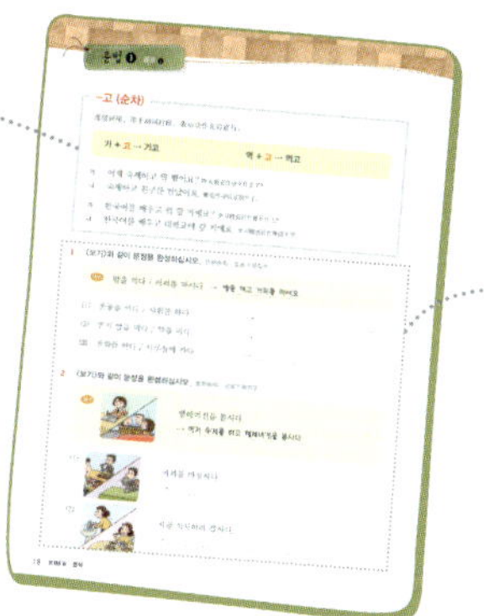

练习

仿照相应语法所给出的<例子>进行造
句及会话练习，来强化对目标语法的
理解和掌握。

学习目标

每课都融合了语言的四大技能'听、说、读、写'，通过
设定与主题相关的活动来练习并活用目标语法。每课根
据不同的主题特性设定'听/说'，'读/写'，'说/写'等多
种多样的模块组合。

发音

为了使初学者能够更容易地理解韩语发
音规则，本书将发音规则和例文相结合
进行详细讲解，包括辨别发音的听力练
习以及听写练习。1-5章为词汇和短语的
听写练习，6-10章为句子的听写练习，
通过循序渐进的方式使学习者熟悉并掌
握韩语发音。

请跟我复习

此部分设在每章的1-4课后，旨
在引导学习者将本章所学的词
汇、句型等进行综合复习，使
学习者能够自主检测自己的学
习情况。

文化

每章的最后一部分都设有韩国文化赏析
篇，选取与本章主题相关的文化信息，
以此引发学习者对韩国风俗和文化的关
心。同时文化部分还涉及了将韩国文化
与自国文化进行比较的模块。

目录

교재 구성표

장	과	제목	어휘	문법과 표현	과제	발음	문화
06 음식	01	점심 먹으러 갈까요?	음식 종류와 식당 단위 명사 1	·-고 (순차) ·-(으)ㄹ까요? (제안)	제안하기 2 일과 설명하기	ㅏ, ㅓ	한국인의 밥상
	02	한번 먹어 보세요.	한식 맛	·-아/어/여 보다 (시도) ·-(으)ㄴ (형용사의 관형형)	좋아하는 것 묻기	ㅅ, ㅆ	
	03	친구들과 같이 먹겠어요.	상차림 식당 표현	·-겠- (의지) ·그리고, 그래서, 그렇지만	음식 주문하기	받침 ㅅ, ㅆ, ㅈ, ㅊ	
	04	한국 음식 만들기를 좋아 해요.	음식 재료 요리 관련 어휘	·-기 ·(으)로 (방법)	음식 소개하기	받침 ㄷ, ㅌ, ㅎ	
	05	다시 공부해 봅시다					
07 쇼핑	01	수박 한 통에 얼마예요?	과일 단위 명사 2	·-아/어/여서 (이유) ·에 (단위)	물건 사기 1	ㅗ, ㅜ	한국의 상점
	02	오늘은 바쁘니까 내일 갑시다.	의류와 잡화 용도별 의복	·부터 ~까지 ·-(으)니까	제안하기 3	외래어 S	
	03	이 운동화는 정말 편하군요.	착용 동사 주요 부사	·-군요 ·-는 (동사의 관형형)	물건 사기 2	경음화	
	04	전자 상가에 가서 전자사전 을 샀어요.	상가 전자제품	·-아/어/여서 (순차) ·보다	비교하기	경음화	
	05	다시 공부해 봅시다					
08 전화	01	이 선생님 계시면 좀 바꿔 주세요.	전화 표현	·-(으)면 ·-아/어/여 주다	전화하기	모음 축약	한국의 주요 전화번호
	02	전화벨 소리를 못 들었어요.	전화 관련 표현 유용한 전화번호	·못 ·-(으)ㄴ/는데 (상황)	상황 설명하기	경음화	

章	课	题目	词汇	语法和表现	课题	发音	文化
06 饮食	01	去吃午饭吗?	饮食种类和餐厅 单位名词 1	· –고 (顺次) · –(으)ㄹ까요? (提议)	提议 2 描述一天的 生活	ㅏ, ㅓ	韩国人的 饭桌
	02	尝一尝吧。	韩食 味道	· –아/어/여 보다 (试图) · –(으)ㄴ (形容词的 冠形形)	询问喜欢的 事情	ㅅ, ㅆ	
	03	要和朋友一起去吃。	摆饭菜 餐厅用语	· –겠– (意志) · 그리고, 그래서, 그렇지만	预约订餐	收音 ㅅ, ㅆ, ㅈ, ㅊ	
	04	喜欢做韩国料理。	食物材料 与料理有关的词汇	· –기 · (으)로 (办法)	介绍食物	收音 ㄷ, ㅌ, ㅎ	
	05	复习					
07 购物	01	西瓜一个多少钱?	水果 单位名词 2	· –아/어/여서 (理由) · 에 (单位)	买东西 1	ㅗ, ㅜ	韩国的 商店
	02	今天很忙明天去吧。	服装和杂货 按用途分类的衣服	· 부터 ~까지 · –(으)니까	提议 3	外来语 S	
	03	这双鞋非常舒服。	穿戴动词 主要副词	· –군요 · –는 (动词的冠形形)	买东西 2	紧音化	
	04	去电子商城买了电子 词典。	商街 电子产品	· –아/어/여서 (顺序) · 보다	比较	紧音化	
	05	复习					
08 电话	01	李老师在的话请让他 接电话。	电话表达	· –(으)면 · –아/어/여 주다	打电话	元音简缩	韩国 常用的 电话号码
	02	没听见电话铃声。	与电话有关的表达 常用电话号码	· 못 · –(으)ㄴ/는데 (状况)	描述能力和 状况	紧音化	

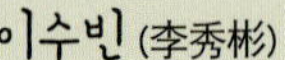

이수빈 (李秀彬)
年龄：22岁
国籍：한국
职业：한국대학교 대학생

김수정 (金秀贞)
年龄：32岁
国籍：한국
职业：한국대학교
　　　한국어 선생님

밍밍 (明明)
年龄：24岁
国籍：중국
职业：초급 학생

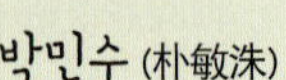

박민수 (朴敏洙)
年龄：27岁
国籍：한국
职业：회사원

리타 (丽塔)
年龄：22岁
国籍：러시아
职业：초급 학생

왕리 (王力)
年龄：25岁
国籍：중국
职业：한국대학교 대학생

토니 (托尼)
年龄：24岁
国籍：영국
职业：초급 학생

유미코 (由美子)
年龄：33岁
国籍：일본
职业：초급 학생

토야 (托雅)
年龄：20岁
国籍：몽골
职业：초급 학생

01 점심 먹으러 갈까요?

왕리 씨는 무엇을 먹을 거예요?　王力要吃什么?

여러분은 한국 음식이 어떻습니까?　大家觉得韩国料理怎么样?

대화　对话　　(001)

왕리	리타 씨, 점심 먹으러 갈까요?
리타	네, 뭘 먹을까요?
왕리	오늘은 냉면을 먹고 싶어요.
리타	공원 근처 한식당에 갈까요? 거기가 유명해요.
왕리	네, 좋아요.
리타	먼저 점심을 먹고 차도 한 잔 마시러 가요.

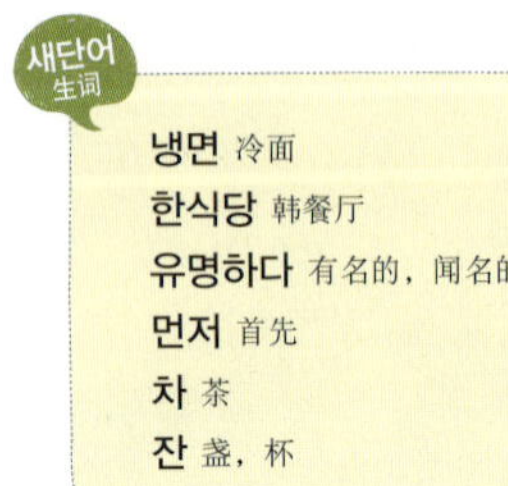

새단어
生词

냉면 冷面

한식당 韩餐厅

유명하다 有名的，闻名的

먼저 首先

차 茶

잔 盏，杯

어휘 词汇

음식 종류와 식당 饮食种类和餐厅

식당 餐厅

한식 韩餐
한식집/한식당 韩餐厅

양식 西餐
양식집/양식당 西餐厅

중식 中餐
중국집/중식당 中餐厅

분식 小吃
분식집 小吃店

음식 食物

밥 米饭

국 汤

김치 泡菜

불고기 烤肉

음료수 饮料

커피 咖啡

주스 果汁

우유 牛奶

차 茶

단위 명사 1 单位名词 1

한 명
두 명
세 명
사람 人

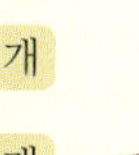
한 개
두 개
세 개
물건 物品

한 권
두 권
세 권
책 书

한 그릇
두 그릇
세 그릇
그릇 碗

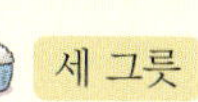

한 병
두 병
세 병
병 瓶

–고 (순차)

连结词尾，用于动词后面，表示动作先后进行。

| 가 + **고** → 가고 | 먹 + **고** → 먹고 |

가 어제 숙제하고 뭘 했어요? 昨天做完作业干什么了?

나 숙제하고 친구를 만났어요. 做完作业后见朋友了。

가 한국어를 배우고 뭐 할 거예요? 学习韩语后打算干什么?

나 한국어를 배우고 대학교에 갈 거예요. 学习韩语后打算读大学。

1 〈보기〉와 같이 문장을 완성하십시오. 仿照例句，完成下列句子。

> 보기 밥을 먹다 / 커피를 마시다 → **밥을 먹고 커피를 마셔요.**

(1) 운동을 하다 / 샤워를 하다 → ___________________________

(2) 먼저 밥을 먹다 / 약을 먹다 → ___________________________

(3) 전화를 하다 / 사무실에 가다 → ___________________________

2 〈보기〉와 같이 문장을 완성하십시오. 仿照例句，完成下列句子。

보기

텔레비전을 봅시다.

→ **먼저 숙제를 하고 텔레비전을 봅시다.**

(1) 

커피를 마십시다.

→ ___________________________

(2) 

지금 식사하러 갑시다.

→ ___________________________

–(으)ㄹ까요? (제안)

用于动词后，询问对方的意向，意见或者提议时使用。–을까요用于ㄹ收音除外的有收音的动词或形容词词干以及–았–后面，–ㄹ까요用与无收音和以ㄹ收音结尾的动词或形容词词干以及이다，아니다后面。

가 + **ㄹ까요?** → 갈까요?　　　　　먹 + **을까요?** → 먹을까요?

가　우리 같이 식당에 갈까요? 我们一起去食堂吧?

나　네, 같이 갑시다. 好的，一起去。

가　내일 몇 시에 만날까요? 明天几点见面?

나　2시에 만나요. 2点见。

1　〈보기〉와 같이 쓰십시오. 仿照例子写一写。

	–(으)ㄹ까요?		–(으)ㄹ까요?
보기 가다	갈까요?	읽다	
보다		운동하다	

2　〈보기〉와 같이 대화를 완성하십시오. 仿照例句，完成下列对话。

가　극장에서 영화를 볼까요? (영화 / 보다)
나　네, 봅시다. / 미안해요, 약속이 있어요.

(1) 

가　도서관에서 _______________ (공부하다)
나　_______________

(2)

가　_______________ (먹다)
나　_______________

1 다음을 듣고 맞는 그림을 고르십시오. 请听录音，并选择正确的图片。 002

(1) ①    ② 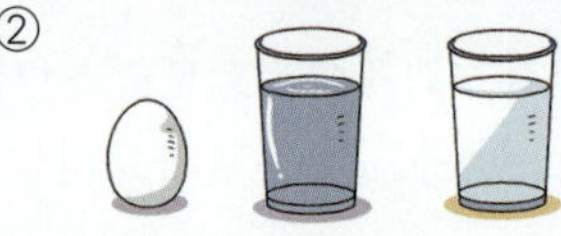

③    ④ 

2 다음을 듣고 질문에 답하십시오. 请听录音，并回答问题。 003

(1) 두 사람은 언제 만납니까? ______________________

(2) 두 사람은 토요일에 무엇을 합니까? ______________________

3 〈보기〉와 같이 친구와 대화하십시오. 仿照例句，与朋友对话。

보기	
무엇	밥을 먹다
언제	내일 저녁
어디	한식당

가　미나 씨, 같이 **밥을 먹을까요?**
나　좋아요. 언제 **먹을까요?**
가　**내일 저녁**에 같이 **먹읍시다.**
나　어디에서 **먹을까요?**
가　**한식당**에서 **먹읍시다.**

	(1)	(2)	(3)
무엇	쇼핑하다	운동하다	공부하다
언제	이번 주말	토요일 아침	오늘 오후
어디	동대문시장	한강공원	도서관

1 〈보기〉와 같이 친구와 대화하십시오. 仿照例句，与朋友对话。

리타	우리 **이번 주 토요일**에 같이 **식사할까요?**
토니	좋아요. 어디에 갈까요?
리타	**공원 근처 중식당**에 갈까요?
토니	네, 좋아요. 몇 시에 만날까요?
리타	**12시에** 만나요.
토니	**식사하고** 뭘 할까요?
리타	**공원에서 산책할까요?**
토니	좋아요. **식사를 하고 산책합시다.**

	보기	(1)	(2)	(3)
누구	리타 / 토니	밍밍 / 수빈	유미코 / 왕리	박민수 / 토야
언제	이번 주 토요일, 12시	내일, 오후 1시	다음 주 금요일, 오전 10시	이번 주 일요일, 3시
어디	공원 근처 중식당	명동 근처 백화점	종로 요리 학원	학교 옆 수영장
무엇	식사를 하다 공원에서 산책 하다	쇼핑을 하다 커피를 마시다	한국 요리를 배우다 시장에 가다	수영하다 술을 마시다

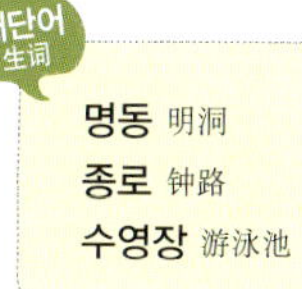

2 그림을 보고 이 사람의 하루를 쓰십시오. 看图写一写这个人一天的生活。

저는 유학생이에요. 지금 친구와 같이 기숙사에 살아요. 아침에 일어나요.

씻고 아침을 먹어요. 아침을 먹고 학교에 가요.

3 여러분의 하루를 쓰십시오. 写一写你的一天。

저는 유학생입니다.

ㅏ, ㅓ

练习同时有 ㅏ, ㅓ 的单词的发音。

例子　단어　[다너]
　　　　사전　[사전]

1 잘 듣고 따라 읽으십시오. 听录音并跟读。(004)

(1)　가정

(2)　사서

(3)　전자사전

2 잘 듣고 따라 읽으십시오. 听录音并跟读。(005)

(1)　백화점에서 만나요.

(2)　쇼핑하러 갑시다.

(3)　쌀떡을 사러 가요.

3 잘 듣고 쓰십시오. 听录音，写一写。(006)

(1)

(2)

 02 한번 먹어 보세요.

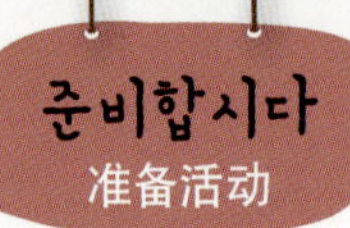

리타 씨는 무슨 음식을 좋아합니까?　丽塔喜欢什么饮食?

여러분은 무슨 한국 음식을 좋아합니까?　你们喜欢什么韩国菜?

(007)

왕리	리타 씨, 무슨 음식을 좋아해요?
리타	저는 삼계탕을 좋아해요.
왕리	삼계탕은 어떤 음식이에요?
리타	닭과 인삼을 같이 요리한 음식이에요.
왕리	매운 음식이에요?
리타	맵지 않아요. 맛있어요. 왕리 씨도 한번 먹어 보세요.

삼계탕 参鸡汤

닭 鸡

인삼 人参

한번 一下(试图的意思)

한식 韩食

밥 米饭		
 비빔밥 拌饭	 볶음밥 炒饭	 잡채밥 什锦饭

국 汤		
 된장국 大酱汤	 콩나물국 黄豆牙汤	 미역국 海带汤

탕 汤		
 삼계탕 参鸡汤	 갈비탕 排骨汤	 설렁탕 牛杂碎汤

맛 味道

 보기   

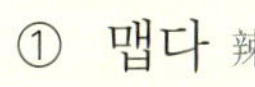 ① 맵다 辣

(1)    ② 짜다 咸

(2)    ③ 시다 酸

(3)    ④ 달다 甜

(4)    ⑤ 쓰다 苦

–아/어/여 보다 (시도)

用于动词后，劝说别人尝试做某种行为时使用。–아 보다用在末尾音节以元音ㅏ，ㅗ结尾的动词词干后面，–어 보다用于末尾音节以ㅏ，ㅗ以外的元音结尾的动词词干后面。

> 가 + **아 보다** → **가 보다**   하 + **여 보다** → **해 보다**
>
> 입 + **어 보다** → **입어 보다**

음식을 좀 드셔 보세요. 请尝一尝菜。

이 옷을 입어 보세요. 请试穿一下这件衣服。

---

1 〈보기〉와 같이 쓰십시오. 仿照例子，写一写。

	–아/어/여 보다	–아/어/여 보세요
보기 읽다	읽어 보다	읽어 보세요
오다		
마시다		
요리하다		

2 〈보기〉와 같이 대화를 완성하십시오. 仿照例句，完成下列对话。

가 　시험이 있지만 자고 싶어요.
나 　커피를 마셔 보세요. (커피를 마시다)

(1)

가 　음식이 너무 매워요.
나 　＿＿＿＿＿＿＿＿＿＿＿＿＿＿＿ (우유를 마시다)

(2)

가 　이 옷이 예뻐요. 사고 싶어요.
나 　＿＿＿＿＿＿＿＿＿＿＿＿＿＿＿ (옷을 입다)

-(으)ㄴ (형용사의 관형형)

用于形容词后面，修饰名词表示现在的状态。-ㄴ用在没有收音以及以ㄹ收音结尾的形容词词干和이다，아니다的后面，-은用在ㄹ收音除外的有收音的形容词词干后面。있다的形式是있는，없다的形式是없는。

> 크 + ㄴ 사람 → 큰 사람   재미있 + 는 영화 → 재미있는 영화
>
> 좋 + 은 사람 → 좋은 사람

가 어떤 음식을 좋아하세요? 你喜欢什么样的饮食？

나 저는 짠 음식을 좋아해요. 我喜欢咸的饮食。

가 민수 씨가 어때요? 敏洙怎么样？

나 친절한 사람이에요. 是亲切的人。

---

1 〈보기〉와 같이 문장을 완성하십시오. 仿照例句，完成下列句子。

> 보기 어제 **큰** 컵을 샀어요. (크다)

(1) 선물로 ____________ 옷을 받았어요. (예쁘다)

(2) 어제 __________ 영화를 봤어요. (재미있다)

(3) 저는 __________ 음식을 못 먹어요. (맵다)

2 〈보기〉와 같이 대화를 완성하십시오. 仿照例句，完成下列对话。

> 보기 
>
> 가 어떤 남자가 좋아요? (키가 크다)
>
> 나 키가 큰 남자가 좋아요.

(1) 가 어떤 날씨가 좋아요? (시원하다)

　　 나 ____________________________

(2) 가 어떤 방이 좋아요? (밝다)

　　 나 ____________________________

1 다음을 듣고 맞으면 ○, 틀리면 ✕ 하십시오. 听下面的录音，正确的划○，错误的划✕。 **008**

(1) 남자는 주말에 한식을 먹습니다.   (   )

(2) 남자는 라면을 좋아합니다.   (   )

(3) 여자는 주말에 요리를 합니다.   (   )

(4) 여자의 친구는 맛있는 요리를 잘 만듭니다.   (   )

새단어 生词
라면 拉面
국수 面条

2 〈보기〉와 같이 친구와 대화하십시오. 仿照例句，与朋友对话。

보기		
무엇	음식
좋아하다	맵다
싫어하다	짜다

가   어떤 음식을 좋아해요?
나   저는 매운 음식을 좋아해요.
가   어떤 음식을 싫어해요?
나   저는 짠 음식을 싫어해요.

	(1)	(2)	(3)	(4)
무엇	과일	날씨	영화	집
좋아하다	달다			
싫어하다	시다			

1 아래에서 알맞은 것을 골라 〈보기〉와 같이 쓰십시오. 选择下列正确的表现，并仿照例句写一写。

크다	작다	맵다	춥다	시다	길다	짧다	짜다	달다
예쁘다	뚱뚱하다	날씬하다	아름답다	맛있다	맛없다	뜨겁다	시원하다	

> 보기
>
> 키가 **큰** 남자와 <u>삭은</u> 아이가 있어요. 남자는 물을 마셔요. 아이는 **단** 사탕을 먹어요.

(1) 머리가 _______ 여자와 머리가 _______ 여자가 있어요. 머리가 긴 여자는 _______ 치마를 입었어요. 머리가 짧은 여자는 _______ 바지를 입었어요. 두 사람은 _______ 삼계탕을 먹어요.

(2) _______ 남자와 _______ 여자가 있어요. 남자는 삼계탕 두 그릇을 먹어요. 남자는 소금을 더 넣어요. _______ 음식을 좋아해요. 여자는 삼계탕을 먹고 _______ 음료수를 마셔요.

새단어
生词

뚱뚱하다 肥胖
뜨겁다 烫

2 우리 반에는 어떤 친구가 있습니까? 친구들에게 질문하고 대답을 쓰십시오.

我们班有什么样的朋友? 询问朋友，写一写答案。

		질문	이름
보기	키가 크다	우리 반에서 제일 키가 큰 사람이 누구예요?	
(1)	집이 제일 가깝다		
(2)	가방이 크다		
(3)	발이 크다		
(4)	친절하다		
(5)	재미있다		
(6)	머리가 길다		
(7)	고향이 멀다		
(8)	이름이 길다		
(9)	멋있다		

3 우리 반 친구에 대해 쓰십시오. 写一写我们班的朋友。

우리 반에서 제일 키가 큰 사람은 (   ) 씨입니다.

(   ) 씨는 키가 180cm입니다.

ㅅ, ㅆ

ㅅ和ㅆ是从舌尖发出的声音。

例子 사다 [사다]
싸다 [싸다]

1 잘 듣고 따라 읽으십시오. 听录音并跟读。 **009**

(1) 사러

(2) 쓰세요

(3) 샀어요

2 잘 듣고 따라 읽으십시오. 听录音并跟读。 **010**

(1) 싸서 샀어요.

(2) 쌀을 사러 갔어요.

(3) 써서 못 먹었어요.

3 잘 듣고 쓰십시오. 听录音，写一写。 **011**

(1)

(2)

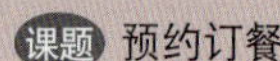

词汇 摆饭菜 | 餐厅用语　　语法 -겠- (意志) | 그리고, 그래서, 그렇지만　　课题 预约订餐

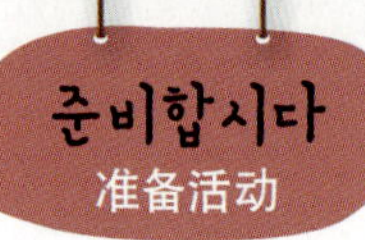

리타 씨는 어느 식당에 있습니까?　丽塔在什么餐厅?

여러분은 무슨 음식을 자주 먹습니까?　大家经常吃什么饮食?

대화　对话　（012）

주인	메뉴판 여기 있습니다. 뭘 주문하시겠어요?
리타	여기 불고기 4인분 주세요. 그리고 콜라 한 병 주세요.
주인	혼자 4인분은 좀 많아요.
리타	곧 친구들이 올 거예요. 그래서 4인분이 많지 않아요.
주인	음식은 친구들과 같이 먹지요?
리타	네, 이따가 친구들과 같이 먹겠어요.

새단어 生词

메뉴판 菜单
주문하다 点菜
인분 人份
콜라 可乐
곧 立刻, 马上
이따가 过一会儿

어휘 词汇

상차림 摆饭菜

① 불고기 烤肉　　　⑧ 오이 黃瓜
② 밥 米饭　　　　　⑨ 마늘 蒜
③ 된장찌개 大酱汤　⑩ 숟가락 勺子
④ 김치 泡菜　　　　⑪ 젓가락 筷子
⑤ 콩나물 무침 拌豆芽　⑫ 물컵 水杯
⑥ 김 紫菜　　　　　⑬ 콜라 可乐
⑦ 상추 生菜

식당 표현 餐厅用语

–겠– (의지)

用于动词后，表示说话的人要做某事，或要做某事的意图或意志。

하 + 겠 + 습니다 → 하겠습니다   먹 + 겠 + 습니다 → 먹겠습니다

가   시험을 준비하십시오. 准备考试吧。
나   네, 열심히 공부하겠습니다. 是，我会努力学习的。

가   지금 차를 마실까요? 现在喝茶吗?
나   아니요, 한 시간 후에 마시겠습니다. 不，一个小时以后再喝。

1   〈보기〉와 같이 문장을 완성하십시오. 仿照例句，并完成句子。

> 보기   주말에 산에 **가겠습니다**. (가다)

(1)   아침밥을 _________________________ (먹다)

(2)   공책에 _________________________ (쓰다)

(3)   운동을 하고 _________________________ (샤워하다)

2   〈보기〉와 같이 대화를 완성하십시오. 仿造例句，并完成对话。

> 보기   
>
>
> 가   내일 아침에 **오십시오**.
> 나   네, 내일 아침에 오겠습니다.

(1)

가   매일 복습하세요.
나   네, _________________________

(2)

가   운동을 하세요.
나   네, _________________________

그리고, 그래서, 그렇지만

그리고是罗列单词，短语，句子时使用的接续副词。그렇지만肯定前面内容，并且与后面内容形成对立关系时使用的接续副词。그래서前面内容是后面内容的原因，根据，条件时使用的接续副词。

교실에 왕리 씨가 있습니다. 그리고 토니 씨도 있습니다. 王力在教室，而且托尼也在。

그렇지만 밍밍 씨는 교실에 없습니다. 但是明明不在教室。

밍밍 씨는 도서관에 갔습니다. 그래서 교실에 없습니다. 明明去图书馆了。所以不在教室。

1 〈보기〉와 같이 알맞은 말을 고르십시오. 仿照例子，选择正确的答案。

> 보기 밍밍 씨는 아침에 바빴어요. (그리고 , (그래서) , 그렇지만) 아침을 안 먹었어요.

(1) 책상 위에 책이 있어요. (그리고, 그래서, 그렇지만) 공책이 있어요.

(2) 민수 씨는 된장찌개를 좋아해요. (그리고, 그래서, 그렇지만) 자주 먹어요.

(3) 왕리 씨는 농구를 잘 해요. (그리고, 그래서, 그렇지만) 자주 안 해요.

2 〈보기〉와 같이 문장을 완성하십시오. 仿造例句，并完成句子。

보기 

여기에 숟가락이 있어요. <u>그리고</u> 물컵도 있어요.
<u>그렇지만</u> 젓가락이 없어요.

(1) 

저는 밍밍 씨와 고향이 같아요.
__________ 자주 만날 수 없어요.

(2) 

저는 아침을 안 먹었어요. 배가 고파요.
__________ 식당에 가요.

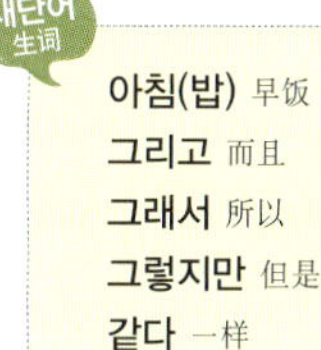

1 다음을 듣고 질문에 답하십시오. 听录音，回答问题。 **013**

(1) 왕리 씨는 아침을 가끔 먹습니까? _______________

(2) 왕리 씨는 점심에 어디에 자주 갑니까? _______________

(3) 두 사람은 언제 같이 식당에 갑니까? _______________

2 민수 씨와 리타 씨는 분식집에 갔습니다. 〈보기〉와 같이 대화하십시오.
敏洙和丽塔去了小吃店，请仿照例句，进行对话。

민수	여기 메뉴판 좀 주세요. 리타 씨는 뭘 드실 거예요?
리타	저는 **치즈김밥**을 먹겠어요. 저는 김밥을 좋아해요.
	민수 씨는 뭘 드실 거예요?
민수	저는 **떡볶이**를 먹겠어요. 저는 매운 음식을 좋아해요. 값도 싸요.
	그래서 자주 먹어요.
리타	여기 **치즈김밥** 하나, 매운 **떡볶이** 일 인분 주세요.

치즈김밥 2,000원

볶음밥 5,000원

콩나물국밥 5,000원

라면 4,000원

떡볶이 3,000원

제육덮밥 6,000원

된장찌개 6,000원

냉면 6,000원

보기	무엇	왜
리타	치즈김밥	김밥을 좋아해요.
민수	떡볶이	매운 음식을 좋아해요. 값도 싸요.

(1)	무엇	왜
유미코	볶음밥	볶음밥을 좋아해요.
왕리	제육덮밥	매운 음식을 좋아해요. 고기를 좋아해요.

(2)	무엇	왜
수빈	라면	라면을 좋아해요.
토야	냉면	시원한 음식을 좋아해요. 맵지 않아요.

새단어 生词

떡볶이 炒黏糕　　**콩나물국밥** 豆芽汤饭　　**치즈김밥** 芝士紫菜包饭　　**제육덮밥** 猪肉盖饭

1 아래에서 알맞은 것을 골라 〈보기〉와 같이 쓰십시오. 选择下列正确的单词，并仿照例句写一写。

| 그리고 | 그래서 | 그렇지만 |

보기

제 이름은 김민수입니다. 직업은 회사원입니다. 아침에 일찍 회사에 갑니다. 집과 회사가 멉니다. **그래서** 아침을 먹을 수 없습니다. 점심은 회사 근처에서 햄버거를 자주 먹습니다. **그렇지만** 햄버거를 좋아하지 않습니다.

(1)

저는 왕리입니다. 중국 학생입니다. 저는 중식을 좋아하지만 한국에서 먹을 수 없습니다. ___________ 아침에 김밥과 햄버거를 자주 먹습니다. ___________ 점심은 학교 식당에서 한식을 먹습니다.

(2)

저는 유학생입니다. 저는 빵을 좋아합니다. ___________ 아침에 빵과 계란을 먹습니다. 저는 점심은 잘 안 먹습니다. ___________ 배고프지 않습니다.

(3)

저는 유미코입니다. 주부입니다. 한국 사람과 결혼했습니다. 저는 저녁에 남편과 같이 집에서 밥을 먹습니다. 저는 매운 음식을 안 좋아합니다. ___________ 남편은 매운 음식을 좋아합니다. ___________ 저는 매운 음식을 자주 요리합니다.

새단어 生词
햄버거 汉堡
배고프다 饿

2 여러분은 어떤 음식을 자주 먹습니까? 大家经常吃怎样的饮食? 请写一写。

 친구와 대화한 후 〈보기〉와 같이 쓰십시오. 与朋友对话后，仿照例句写一写。

질문	보기 민수	
오늘 아침을 먹었습니까?	네	
무엇을 먹었습니까?	밥, 된장국, 김, 계란	
한국 음식을 자주 먹습니까?	네	
오늘 저녁에는 무엇을 먹을 거예요?	비빔밥	

보기 민수 씨는 오늘 아침을 먹었습니다. 밥과 된장국, 김과 계란을 먹었습니다.

민수 씨는 한국 음식을 자주 먹습니다. 오늘 저녁에는 비빔밥을 먹을 겁니다.

받침 ㅅ, ㅆ, ㅈ, ㅊ 收音 ㅅ, ㅆ, ㅈ, ㅊ

ㅅ, ㅆ, ㅈ, ㅊ 作收音时发收音[ㄷ]音。

例子
낫 [낟]
낮 [낟]
낯 [낟]

1 잘 듣고 따라 읽으십시오. 听录音跟读。 (014)

(1) 곳

(2) 닻

(3) 먹겠다

2 잘 듣고 따라 읽으십시오. 听录音跟读。 (015)

(1) 옷도 있다.

(2) 꽃도 샀다.

(3) 썼다 지웠다.

3 잘 듣고 쓰십시오. 听录音写一写。 (016)

(1)

(2)

04 한국 음식 만들기를 좋아해요.

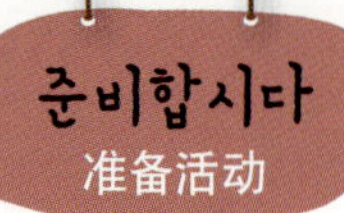

유미코 씨는 무슨 음식을 잘 만들어요?　由美子最拿手的菜是什么?

그 음식은 무엇으로 만들어요?　那个饮食是用什么做的?

대화 对话　164

토니	유미코 씨, 요리 자주 해요?
유미코	네, 저는 한국 음식 만들기를 좋아해요.
토니	무슨 음식을 잘 만들어요?
유미코	저는 삼계탕을 잘 만들어요.
토니	삼계탕은 무엇으로 만들어요?
유미코	닭고기와 인삼으로 만들어요. 건강에 참 좋아요.

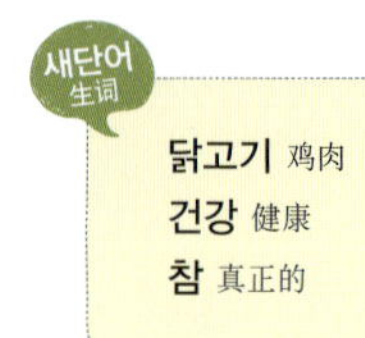

음식 재료 食物材料

감자 土豆

감자튀김 炸土豆

감자탕 土豆汤

감자떡 土豆糕

김치 泡菜

김치찌개 泡菜汤

김치볶음밥 泡菜炒饭

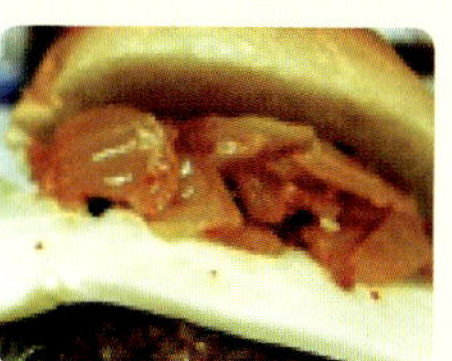
김치햄버거 泡菜汉堡

닭고기 鸡

닭갈비 鸡排骨

닭튀김 炸鸡

닭볶음탕 炒鸡汤

요리 관련 어휘 与料理有关的词汇

① 요리사 厨师

② 요리 料理

③ 주방 厨房

④ 그릇 碗

─기

用在动词后面，将动词变为能充当句子主语或宾语的名词。

쓰 + **기** → 쓰기   읽 + **기** → 읽기

가 날씨가 어때요? 天气怎么样?
나 비가 오기 시작했어요. 开始下雨了。

가 취미가 뭐예요? 兴趣是什么?
나 저는 사진 찍기가 취미예요. 我的兴趣是照相。

1 〈보기〉와 같이 문장을 완성하십시오. 仿照例句，并完成句子。

> **보기** 한국어를 공부하다 / 한국어가 재미있다 → 한국어 공부하기가 재미있어요.

(1) 수영을 하다 / 수영이 어렵다   → ___________________________

(2) 자전거를 타다 / 자전거를 좋아하다   → ___________________________

(3) 쇼핑을 하다 / 쇼핑이 즐겁다   → ___________________________

새단어 生词

쇼핑하다 逛街   **즐겁다** 愉快

2 〈보기〉와 같이 대화를 완성하십시오. 仿照例句，并完成对话。

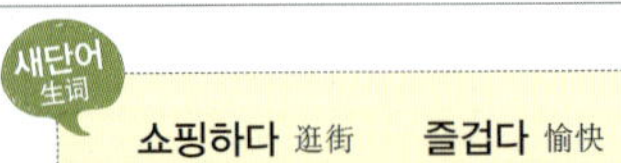

보기
가 취미가 뭐예요?
나 한식 요리하기가 취미예요.

(1)

가 무슨 운동을 좋아해요?
나 ___________________________

(2)

가 비빔밥 만들기가 어때요?
나 ___________________________

(으)로 (방법)

助词，用于名词后，表示某个物品的材料或原料。

닭고기 + 로 → 닭고기로   된장 + 으로 → 된장으로

물로 사과를 씻어요. 用水洗苹果。

가　삼계탕은 무엇으로 만들어요? 参鸡汤用什么做的?

나　닭고기로 만들어요. 用鸡肉做的。

1 〈보기〉와 같이 대화를 완성하십시오. 仿照例句，并完成对话。

가　불고기는 무슨 고기로 만들어요?
나　<u>소고기로 만들어요.</u>

(1) 

가　아이스크림은 뭘로 만들어요?
나　___________________________

(2)

가　제육덮밥은
나　___________________________

새단어 生词
소고기 牛肉
아이스크림 冰淇淋

2 〈보기〉와 같이 알맞은 것을 연결하고 문장을 완성하십시오. 仿照例子，将相符的图片连线并完成句子。

 두부　●————————●　① 콩 

(1)  고추장　●　　　　●　② 쌀 

(2)  밥　●　　　　●　③ 고추 

보기　<u>두부는 콩으로 만들어요.</u>

(1) ___________________________

(2) ___________________________

새단어 生词
두부 豆腐　**콩** 豆　**쌀** 米
고추장 辣椒酱　**고추** 辣椒

1 다음 재료로 만들 수 있는 것을 〈보기〉와 같이 쓰십시오.

仿照例句，写一写用下列的材料能做的东西。

(1) 

보기 소고기로 불고기를 만들어요.

① ____________________________

② ____________________________

(2)

① ____________________________

② ____________________________

③ ____________________________

(3)

① ____________________________

② ____________________________

③ ____________________________

2 다음을 듣고 〈보기〉와 같이 쓰십시오. 听有关韩国料理的录音，仿照例句写一写。 

	보기
좋아해요	재료: 닭고기
	음식: ____________
싫어해요	재료: ____________
	음식: ____________

새단어 生词

찜닭 炖鸡　　**야채** 蔬菜

3 좋아하는 한국 음식과 싫어하는 한국 음식은 무엇입니까? 친구와 대화한 후 〈보기〉와 같이 쓰십시오.

你们喜欢的韩国菜和不喜欢的韩国菜是什么？与朋友对话后，仿照例句写一写。

	뭘 좋아해요?		뭘 싫어해요?	
	재료	음식	재료	음식
보기	닭고기	찜닭, 삼계탕	야채	비빔밥, 콩나물국밥
(1)				
(2)				
(3)				

1 다음을 듣고 〈보기〉와 같이 맞는 답을 고르십시오. 请听录音，并仿照例子选择正确的答案。 **019**

	왕리의 한국 생활	
보기 버스를 타다	☑ 편하다	☐ 힘들다
한국말을 배우다	☐ 쉽다 ☐ 어렵다	☐ 재미있다 ☐ 재미없다
한국 음식을 먹다	☐ 맛있다 ☐ 맛없다	☐ 매운 음식이 많다 ☐ 짠 음식이 많다

2 여러분은 한국에서 생활하기가 어떻습니까? 친구와 대화하십시오.

大家在韩国的生活怎么样？请跟朋友进行对话。

	(1)	(2)
한국 음식을 먹다	☐ 맛있다 ☐ 맛없다	☐ 맛있다 ☐ 맛없다
지하철을 타다		
아침에 일찍 일어나다		
한국에서 살다		

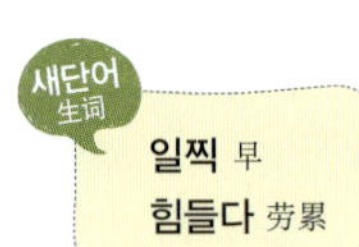

받침 ㄷ, ㅌ, ㅎ 收音 ㄷ, ㅌ, ㅎ

ㄷ, ㅌ, ㅎ 充当收音时发收音[ㄷ]音。

例子 디귿 [디귿]
티긑 [티귿]
히읗 [히읃]

1 잘 듣고 따라 읽으십시오. 听录音跟读。 **020**

(1) 밑

(2) 듣다

(3) 낳다

2 잘 듣고 따라 읽으십시오. 听录音跟读。 **021**

(1) 곧 눈이 옵니다.

(2) 눈이 하얗습니다.

(3) 토마토와 솥도 삽니다.

3 잘 듣고 쓰십시오. 听录音，写一写。 **022**

(1)

(2)

1 아래에서 알맞은 것을 골라 〈보기〉와 같이 쓰십시오. 选择下列正确的单词，并仿照例句写一写。

감자튀김	라면	설렁탕	비빔밥	냉면

보기 　　　(1)　　　(2)　　　(3)　　　(4)

(　라면　)　(　　　)　(　　　)　(　　　)　(　　　)

2 다음 사진을 보고 〈보기〉와 같이 알맞은 단어를 연결하십시오. 选择与下图相符的单词连线。

보기

(1)

(2)

(3)

(4)

① 시다

② 쓰다

③ 짜다

④ 맵다

⑤ 달다

3 〈보기〉와 같이 알맞은 단어를 쓰십시오. 仿照例子，在空格里填上合适的单词。

(1)

	보기　김치찌개
김치	

(2)

	보기　닭갈비
닭	

(3)	**보기** 설렁탕	탕

(4)	**보기** 비빔밥	밥

4 다음 그림을 보고 〈보기〉와 같이 알맞은 단어를 연결하십시오. 选择与下图相符的单词连线。

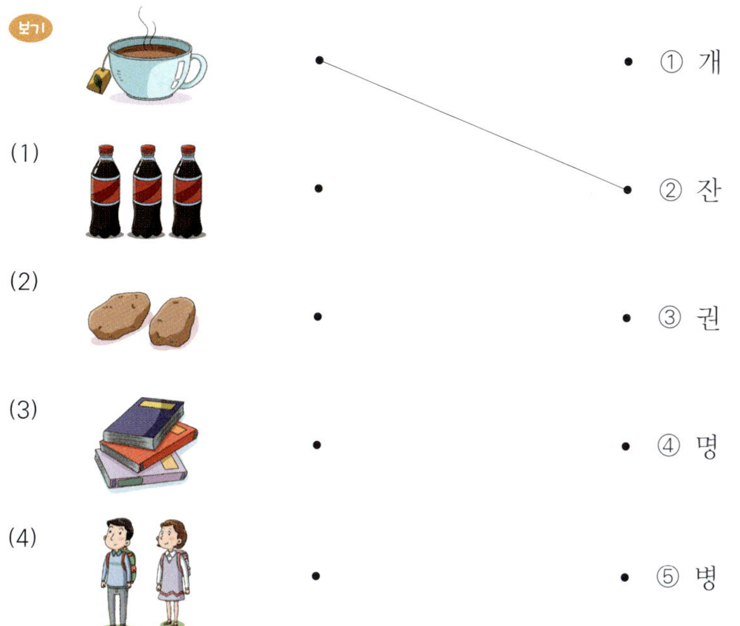

보기

(1)

(2)

(3)

(4)

① 개

② 잔

③ 권

④ 명

⑤ 병

5 다음을 듣고 질문에 답하십시오. 听对话回答问题。 **023**

(1) 남자와 여자는 무엇을 사러 같이 갑니까?

　　① 왕리 씨 생일 선물　　　　　　　　② 토야 씨 생일 선물

(2) 남자와 여자는 어디에 갑니까?　　　______________

6 다음을 듣고 질문에 답하십시오. 听对话回答问题。 **024**

(1) 남자는 무슨 음식을 먹을 거예요?

　　① 냉면　　　　② 된장찌개　　　　③ 비빔밥　　　　④ 콩나물국밥

(2) 두 사람은 점심을 먹고 뭘 할 거예요?　　　______________

7 아래에서 알맞은 것을 골라 〈보기〉와 같이 대화를 완성하십시오. 仿照例子，选择正确的单词回答问题。

명	권	개	병	잔

보기

가　뭐가 있어요?

나　콜라 세 병이 있어요.

(1)

가　누가 있어요?

나　__________________

(2)

가　아침에는 뭘 먹어요?

나　__________________

(3)

가　뭘 샀어요?

나　__________________

새단어
生词

삼각김밥 三角包饭

(4)

가　뭐가 있어요?

나　__________________

8 아래에서 알맞은 것을 골라 〈보기〉와 같이 대화를 완성하십시오. 仿照例子，选择正确的语法完成对话。

(으)로	−겠−	−(으)ㄴ	−(으)ㄹ까요?

보기

가　어떤 영화를 좋아해요?

나　저는 재미있는 영화를 좋아해요. (재미있다)

(1)　가　__________________

　　　나　네, 자전거를 탑시다.

(2)　가　삼계탕은 무엇으로 만들어요?

　　　나　__________________

9 다음을 읽고 질문에 답하십시오. 阅读下面内容回答问题。

> 한국에는 여러 가지 맛있는 음식이 많습니다. 제가 가장 좋아하는 음식은 쌀떡볶이입
> 니다. 쌀떡볶이는 떡과 고추장으로 만듭니다. 설탕도 넣습니다. 이 떡볶이는 조금 맵
> 지만 달고 맛있습니다. 쌀떡볶이의 떡은 쌀로 만듭니다. 값이 쌉니다. 먹기가 편합니
> 다. 그래서 자주 먹습니다. 만들기도 쉽습니다. 집에서도 가끔 만듭니다. 여러분도 한
> 번 드셔 보십시오.

(1) 이 음식 이름이 뭐예요? ________________________

(2) 이 음식 재료가 뭐예요? ________________________

(3) 이 음식 맛이 어때요? ________________________

(4) 이 음식 가격이 비싸요? ________________________

10 다음을 읽고 질문에 답하십시오. 阅读下面内容回答问题。

> 저는 햄버거를 먹고 싶었어요. 그래서 햄버거의 재료를 사러 시장에 갔어요. 빵을 한
> 개 사고 오이를 한 개 샀어요. 그리고 상추를 조금 샀어요. 보통 햄버거는 소고기로
> 만들어요. 그렇지만 저는 고기를 좋아하지 않아요. 그래서 두부를 샀어요. 그리고 집
> 에서 두부로 햄버거를 만들었어요. 만들기가 쉬워요. 이 햄버거는 먹기가 편하고 참
> 맛있어요. 여러분도 집에서 맛있는 음식을 만들어 보세요.

(1) 리타 씨는 무슨 음식이 먹고 싶었어요?

____

(2) 리타 씨는 시장에서 무엇을 샀어요? 모두 쓰십시오.

____

(3) 리타 씨는 고기를 좋아해요?

____

(4) 이 음식은 이름은 뭐가 좋을까요? 알맞은 이름을 고르십시오.
　① 소고기햄버거　　② 토마토햄버거　　③ 두부햄버거　　④ 고추장햄버거

한국인의 밥상 韩国人的饭桌

你们国家代表性的传统饮食是什么？韩国人的穿衣和居住生活虽然有很大变化，但是饮食生活中传统饮食一直还在延续。并且随着韩餐全球化的发展，世界各国的人们也正在享受这美食。

韩国饭桌上最基本的是米饭、汤和泡菜。还有各种各样的配菜和酱汤等。韩国人做料理和吃饭的时候一定要有大酱、辣椒酱、调味酱、辣椒面、盐等佐料。为了让饭菜更鲜美，有的往里面放，有的也像吃大酱那样作为一道配菜食用。

韩国的饭菜摆放很独特。吃饭时用的矮桌子叫'饭桌'。为了吃饭人的方便，通常会把米饭放在左边，汤放在右边。勺子和筷子放在汤的右边。饭桌中间放酱、汤、肉类、鱼等，周围放泡菜、紫菜、炒蔬菜等各种配菜。

韩国的饭桌上除了米饭和汤是每人一份，其他的菜都是大家一起吃的。韩国人觉得大家一起吃饭很重要。因此将这种"共同分享食物的嘴"作为比喻，把在同一家生活的人或相同组织里的人称为'吃饭的嘴'，即'식구'（食口）。

❶ **한국 음식의 기본은 무엇입니까?**
  韩国料理最基本的是什么？

❷ **한국 사람은 가족을 왜 '식구'라고 부릅니까?**
  韩国人为什么叫家人为식구？

쇼핑

01 수박 한 통에 얼마예요?

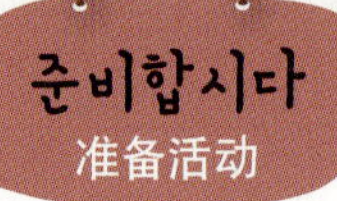

여기가 어디입니까? 这里是哪里?

여러분은 무슨 과일을 좋아합니까? 你们喜欢什么水果?

대화 对话　（025）

리타　수박 한 통에 얼마예요?

주인　수박은 한 통에 만 오천 원입니다.

리타　한 통 주세요. 포도는 얼마예요?

주인　일 킬로그램에 칠천 원입니다. 포도도 드릴까요?

리타　네, 일 킬로그램 주세요.

주인　요즘 포도가 아주 맛있어서 사람들이 많이 사요.

새단어
生词

수박 西瓜
통 （西瓜、白菜、葫芦等圆筒形状的物品）个
포도 葡萄
킬로그램 千克(kg)

과일 水果

사과 苹果

배 梨

바나나 香蕉

수박 西瓜

딸기 草莓

포도 葡萄

귤 橘子

감 柿子

참외 香瓜

레몬 柠檬

오렌지 橙子

키위 猕猴桃

단위 명사 2 单位名词 2

송이 串, 束		
벌 套		
자루 支		
장 张		
통 个		

대 台		
켤레 双		
마리 头, 只, 条		
킬로그램 (kg) 千克		
센티미터 (cm) 厘米		

–아/어/여서 (이유)

用于动词和形容词后，表示前面的行为或状态是后面句子的原因或理由。–아서用于以元音ㅏ，
ㅗ结尾的动词或形容词词干后面。–어서用于ㅏ，ㅗ以外的元音结尾的动词或形容词词干以及
이다, 아니다后面。–여서用于하다后面。

> 자 + **아서** → 자서   공부하 + **여서** → 공부하여서 → 공부해서
>
> 먹 + **어서** → 먹어서

가 　왜 주말에 집에 있었어요? 周末为什么在家了?

나 　숙제가 많아서 집에 있었어요. 因为作业太多所以在家了。

가 　어제 어디에 갔어요? 昨天去哪里了?

나 　날씨가 좋아서 공원에 갔어요. 因为天气很好，所以去公园了。

1 〈보기〉와 같이 쓰십시오. 仿照例子，写一写。

	–아/어/여서		–아/어/여서		–아/어/여서
보기 가다	가서	예쁘다		숙제하다	
보다		맛있다		운동하다	
작다		마시다		피곤하다	
좋다		춥다		날씬하다	

2 〈보기〉와 같이 대화를 완성하십시오. 仿照例子，完成对话。

보기

가 　왜 운동을 안 했어요?

나 　비가 와서 운동을 안 했어요.

(1)

가 　왜 사과를 많이 샀어요?

나 　_______________________

(2)

가 　왜 옷을 안 샀어요?

나 　_______________________

에 (단위)

衡量物品的数量或价格时使用。

> 우유 세 병 + 에 → 우유 세 병에   수박 한 통 + 에 → 수박 한 통에

가 우유 한 병에 얼마예요? 一瓶牛奶多少钱?
나 한 병에 천오백 원입니다. 一瓶1500元。

가 수박 한 통에 얼마예요? 西瓜一个多少钱?
나 한 통에 만 오천 원입니다. 西瓜一个15,000元。

1 다음 〈보기〉와 같이 문장을 완성하십시오. 仿照例句，完成句子。

> 보기 포도 한 송이 / 이천 원입니다 → 포도 한 송이에 이천 원입니다.

(1) 딸기 일 킬로그램 / 만 원입니다   → ___________________________

(2) 꽃 다섯 송이 / 팔천 원입니다   → ___________________________

(3) 신발 한 켤레 / 얼마입니까?   → ___________________________

2 〈보기〉와 같이 대화를 완성하십시오. 仿照例子，完成对话。

보기
가 귤이 얼마예요?
나 열 개에 오천 원이에요.

5,000 원

(1)
가 양말이 얼마예요?
나 ___________________________

2,000원

(2)
가 연필이 얼마예요?
나 ___________________________

1,000 원

1 다음을 듣고 맞으면 ○, 틀리면 ✕ 하십시오. 听录音，正确的划○，错误的划✕。 **026**

(1) 밍밍 씨가 공책을 두 권 삽니다.　　　　　　　　　　　(　　)

(2) 지우개는 한 개에 천 원입니다.　　　　　　　　　　　(　　)

(3) 밍밍 씨는 지우개를 사지 않습니다.　　　　　　　　　(　　)

(4) 밍밍 씨는 2,700원을 줍니다.　　　　　　　　　　　　(　　)

2 다음을 듣고 질문에 답하십시오. 听面录音回答问题。 **027**

(1) 딸기가 얼마예요?
① 1kg − 20,000원　　　　　　　② 2kg − 10,000원
③ 1kg − 10,000원　　　　　　　④ 1kg − 30,000원

(2) 요즘 딸기가 왜 비싸요?　　　　_______________________

(3) 바나나는 한 송이에 얼마예요?　_______________________

새단어 生词

하고 (连接两个名词)和
아주머니 阿姨的尊称
너무 很，非常

3 〈보기〉와 같이 대화를 완성하십시오. 仿照例子，完成对话。

〈보기〉
토야   이 **콜라 한 병**에 얼마예요?

점원   **한 병**에 1,500원입니다.

토야   **삼각김밥**은 얼마예요?

점원   **한 개**에 900원이에요. 지금 **할인**해서 두 개에 1,500원이에요.

토야   그래요? **콜라 한 병**하고 **삼각김밥 두 개** 주세요. 모두 3,000원 맞지요?

점원   네, 맞습니다.

		얼마예요?	할인해요.	가격
〈보기〉	토야	콜라 한 병 – 1,500원	삼각김밥 한 개 – 900원 삼각김밥 두 개 – 1,500원	2,500원
(1)	토니	우유 한 개 – 1,200원	커피 한 개 – 1,500원 커피 세 개 – 4,000원	5,200원
(2)	유미코	바나나 한 송이 – 900원	빵 한 개 – 900원 빵 두 개 – 1,700원	2,600원

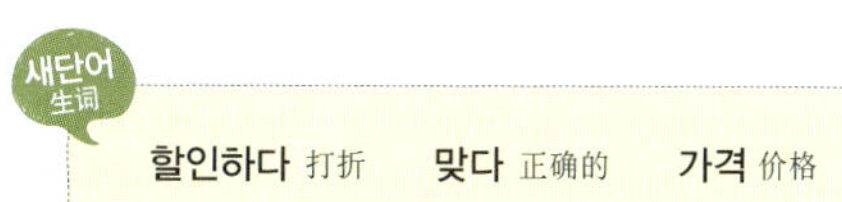

1 다음을 읽고 질문에 답하십시오. 阅读下面内容，回答问题。

토요일 오후에 유미코 씨는 과일을 사러 시장에 갔어요. 시장에는 과일이 많이 있어요. 유미코 씨는 복숭아를 좋아해서 복숭아를 네 개 사고 포도도 두 송이 샀어요. 현금이 없어서 카드를 냈어요. 주인 아주머니가 친절하고, 값이 비싸지 않아서 유미코 씨는 기분이 좋았어요.

(1) 유미코 씨는 토요일 오후에 어디에 갔어요? 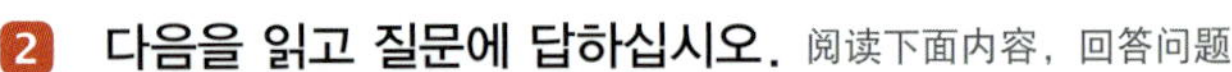

(2) 유미코 씨는 시장에서 무엇을 샀어요?

(3) 유미코 씨는 왜 기분이 좋았어요?

새단어 生词

값 价格   **복숭아** 桃子   **현금** 现金   **카드** 卡

2 다음을 읽고 질문에 답하십시오. 阅读下面内容，回答问题。

지난 토요일 오후에 토야 씨는 쇼핑을 하러 전자 상가에 갔어요. 날씨가 더워서 냉장고를 사고 싶었어요. 전자 상가는 물건이 많고 값이 싸요. 토야 씨는 혼자 살아서 작은 냉장고를 사고 싶었지만 큰 냉장고만 있었어요. 그래서 구경만 하고 집에 왔어요. 다음 주에 전자 상가에 다시 갈 거예요.

(1) 토야 씨는 왜 전자 상가에 갔어요? 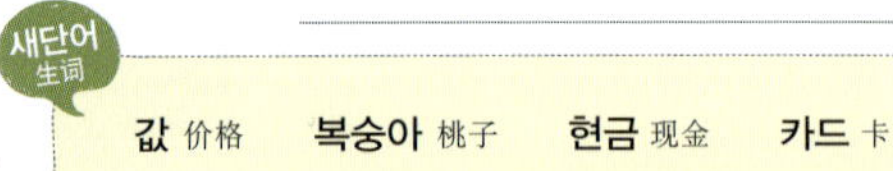

(2) 지금은 무슨 계절이에요?

(3) 토야 씨는 왜 사고 싶은 물건을 사지 않았어요?

새단어 生词

전자 상가 电子商城
냉장고 冰箱 **구경하다** 赏，观看
다시 再 **새** 新

3 위의 글을 읽고 토야 씨가 주인과 나눈 이야기를 쓰십시오.

阅读上文，并写一写托亚和老板的对话。

토야	아저씨, 여기 __________을/를 팔아요?
주인	네, 있어요. 저기에 가서 보세요.
토야	이 냉장고는 너무 __________. 저는 __________ 냉장고가 필요해요.
주인	여기 있는 냉장고가 제일 작은 냉장고예요. 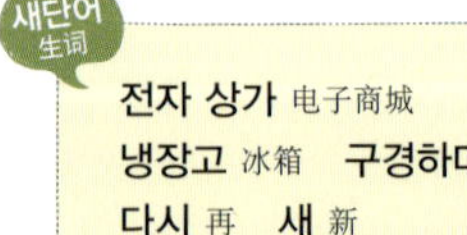 다음 주에 새 냉장고가 올 거예요. 다음 주에 다시 오세요.
토야	네, 알겠어요. 다음 주에 오겠어요.

ㅗ, ㅜ

练习发单词，短语或句子中同时出现[ㅗ], [ㅜ]的音。

例子 모두 [모두]
호주 [호주]
고구마 [고구마]

1 잘 듣고 따라 읽으십시오. 听录音跟读。 **028**

(1) 두부 한 모

(2) 중국 도시

(3) 포도 두 송이

2 잘 듣고 따라 읽으십시오. 听录音跟读。 **029**

(1) 비가 오면 우산을 써요.

(2) 요리를 주문하고 기다리세요.

(3) 오후에는 송도에 살까요?

3 잘 듣고 쓰십시오. 听录音，写一写。 **030**

(1)

(2)

词汇 服装和杂货 | 按用途分类的衣服	语法 부터 ~까지 | -(으)니까	课题 提议

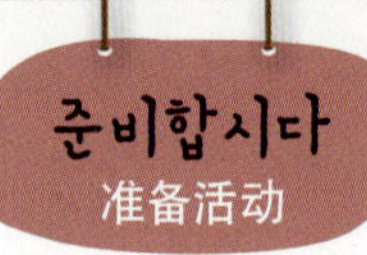

준비합시다
准备活动

왕리 씨와 토야 씨는 어디에 갑니까?　王力和托雅去哪里?

여러분은 쇼핑하러 어디에 갑니까?　大家去哪购物?

대화 对话  (031)

토야　왕리 씨, 오늘부터 이번 주말까지 백화점에서 세일을 해요. 내일 같이 갈까요?

왕리　그래요? 제 친구의 결혼식이 있어서 양복이 필요해요. 오늘 백화점에 갑시다.

토야　오늘은 좀 바쁘니까 내일 갑시다.

왕리　좋아요. 그러면 내일 몇 시에 만날까요?

토야　내일 열 시쯤 만날까요?

왕리　그 백화점은 열 시 반에 문을 여니까 열한 시에 만납시다.

새단어
生词

세일 打折
결혼식 婚礼
양복 西装
바쁘다 忙碌
그러면 那么

의류와 잡화 服装和杂货

남성복 男装

여성복 女装

남성복	여성복
① 양복 西服	① 원피스 连衣裙
② 와이셔츠 衬衫	② 치마 裙子
③ 바지 裤子	③ 블라우스 衬衣
④ 구두 皮鞋	④ 구두 皮鞋
⑤ 넥타이 领带	⑤ 지갑 钱包
⑥ 지갑 钱包	⑥ 청바지 牛仔裤
⑦ 운동화 运动鞋	⑦ 핸드백 手提包
⑧ 티셔츠 T恤衫	

용도별 의복 按用途分类的衣服

속옷 内衣

잠옷 睡衣

수영복 泳衣

등산복 登山服

부터 ~까지

부터表示某种动作或状态的始点，까지表示该动作或状态的终点或界限。

> 1시 + **부터** 2시 + **까지** → 1시부터 2시까지
>
> 오늘 + **부터** 내일 + **까지** → 오늘부터 내일까지

몇 시부터 몇 시까지 한국어 수업이 있습니까? 从几点到几点有韩语课?

아홉 시부터 한 시까지 한국어 수업이 있습니다. 从9点到下午1点有韩语课。

1 〈보기〉와 같이 문장을 완성하십시오. 仿照例句，完成句子。

> 보기 세일: 8월 1일 ~ 8월 5일 → <u>8월 1일부터 8월 5일까지 세일입니다.</u>

(1) 수업: 오전 9시 ~ 오후 1시 → ________________________

(2) 점심시간: 12시 ~ 오후 1시 → ________________________

(3) 휴식 시간: 10시 50분 ~ 11시 10분 → ________________________

2 〈보기〉와 같이 대화를 완성하십시오. 仿照例句，完成对话。

보기 

가 휴가가 언제예요?

나 <u>7월 21일부터 28일까지 휴가예요.</u>

(7/21 ~ 7/28)

(1) 

가 방학이 언제예요?

나 ________________________

(8/5 ~ 8/20)

(2) 

가 언제 여행 가요?

나 ________________________

(5/18 ~ 5/19)

새단어
生词

휴식 시간 休息时间

휴가 休假

–(으)니까

用于动词和形容词后，表示理由，根据或前提。–니까用在没有收音或以ㄹ收音结尾的动词或形容词词干以及이다，아니다后面。–으니까用在除了ㄹ收音以外的其他有收音的动词或形容词词干以及–았–，–겠–后面。

가 + 니까 → 가니까   읽 + 으니까 → 읽으니까

가 버스를 탈까요? 坐公交车吗?

나 비가 오니까 택시를 탑시다. 现在下雨，坐出租吧！

가 리타 씨에게 전화했습니까? 给丽塔打电话了吗?

나 지금은 바쁘니까 조금 후에 하겠습니다. 因为现在很忙，一会儿再打吧！

1 〈보기〉와 같이 문장을 완성하십시오. 仿照例句，完成句子。

비가 오다 / 택시를 타다
→ 비가 오니까 택시를 타세요.

(1) 

김치찌개가 맵다 /
물을 마시다

→ _______________________

(2) 

배가 고프다 /
빨리 밥을 먹다

→ _______________________

2 〈보기〉와 같이 대화를 완성하십시오. 仿照例句，完成对话。

보기
가 토니 씨, 어디에 갈까요?

나 날씨가 좋으니까 공원에서 산책합시다. (날씨가 좋다 / 공원)

(1) 가 어디에 갈까요?

나 _______________________ (시간이 있다 / 커피숍)

(2) 가 주말에 뭘 할까요?

나 _______________________ (시험이 끝나다 / 영화관)

1 다음을 듣고 맞으면 ○, 틀리면 ✕ 하십시오. 听录音，正确的划○，错误的划✕。 **032**

(1) 토니 씨는 요즘 등산을 자주 갔어요. (　　　)

(2) 리타 씨는 일요일에 산에 가고 싶어해요. (　　　)

(3) 토니 씨는 등산화를 살 거예요. (　　　)

(4) 산이 높으니까 운동화는 불편해요. (　　　)

새단어
生词

북한산 北韩山
등산화 登山鞋
높다 高
괜찮다 没关系

2 다음을 듣고 질문에 답하십시오. 听录音，回答问题。 **033**

(1) 여기는 어디입니까? 쓰십시오. ____________

(2) 들은 내용과 <u>다른</u> 그림을 고르십시오.

① 　　② 　　③ 　　④ 

2,000원　　　　2,000원　　　　10,000원　　　　25,000원

1 〈보기〉와 같이 친구와 대화하십시오. 仿照例句，与朋友对话。

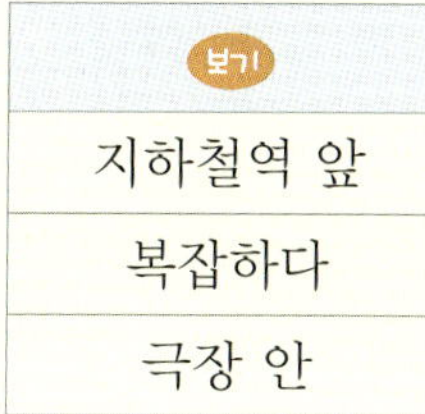

가　지하철역 앞에서 만날까요?

나　지하철역 앞은 복잡하니까 극장 안에서 만납시다.

가　네, 좋아요.

(1)	(2)	(3)
공원 앞	백화점 1층	학교 근처 식당
춥다	사람이 많다	비싸다
커피숍 안	백화점 5층	학생 식당

2 〈보기〉와 같이 친구와 대화하십시오. 仿照例句，与朋友对话。

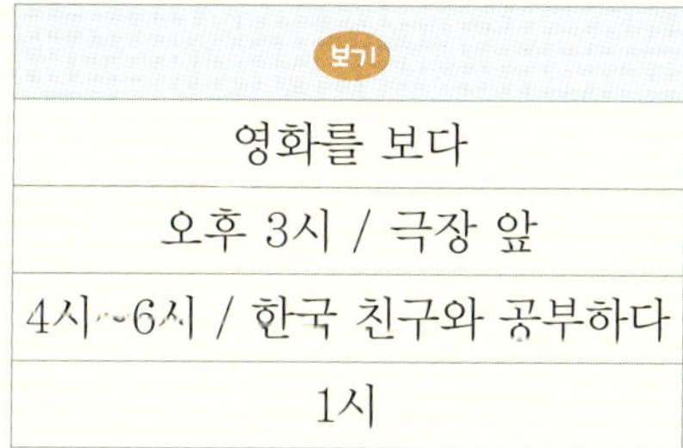

가　토야 씨, 내일 같이 **영화를 볼까요?**

나　네, 좋아요. 몇 시에 어디에서 만날까요?

가　**오후 3시에 극장 앞**에서 만납시다.

나　**4시부터 6시까지 한국 친구와 공부하니까**
　　1시에 만납시다.

가　좋아요. **1시 극장 앞**에서 만나요.

(1)	(2)	(3)
경복궁에 가다	쇼핑을 하다	테니스를 치다
오전 11시 / 지하철역 앞	6시 / 백화점 앞	1시 / 운동장
9시~12시 / 시험이 있다	7시~8시 / 수영을 배우다	9시~1시 / 수업이 있다
1시	4시	2시

3 ⟨보기⟩와 같이 쓰십시오. 仿照例句，写一写。

가 밍밍 씨, 내일 수업이 없으니까 같이 영화를 보러 갈까요?

나 미안해요, 내일은 약속이 있으니까 주말에 보러 갑시다.

가 네, 좋아요.

(1)

가 리타 씨, _______________________

나 _______________________

가 그래요. 다음에 같이 갑시다

(2)

가 민수 씨, _______________________

나 미안해요, _______________________

가 그래요. 같이 갑시다.

4 친구와 약속하는 대화입니다. 다음 그림을 보고 알맞은 말을 쓰십시오.

和朋友约定的对话。请看下图，并书写适当的话语。

리타 토야 씨, 백화점에서 세일을 해요.

토야 그래요? 언제부터 언제까지 해요?

리타 _______________ 세일을 해요.

토야 그래요? 저도 사고 싶은 _______________이/가 있어요.

리타 그럼, 오늘 갑시다. _______________

토야 제가 _______________

리타 좋아요. 3시에 만나요.

외래어 S 外来语 S

英语外来语中[S]标记为ㅅ，有时候发[ㅅ]音，有时候发紧音[ㅆ]。

例子 ▶ **세일**　[쩨일]
　　　　　스마일　[스마일]

1 잘 듣고 따라 읽으십시오. 听录音跟读。　**034**

(1)　센터

(2)　사이다

(3)　스포츠

2 잘 듣고 따라 읽으십시오. 听录音跟读。　**035**

(1)　사인을 해요.

(2)　사우나에서 씻어요.

(3)　샌드위치를 사요.

3 잘 듣고 쓰십시오. 听录音，写一写。　**036**

(1)

(2)

03 이 운동화는 정말 편하군요.

| 词汇 穿戴动词 │ 主要副词 | 语法 –군요 │ –는 (动词的冠形形) | 课题 买东西 2 |

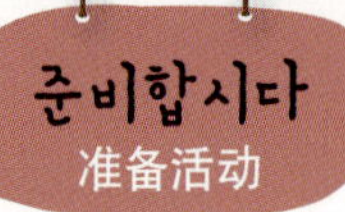

밍밍 씨는 뭘 해요? 明明正在干什么?

여러분은 무슨 옷을 자주 입어요? 你们现在穿着什么衣服和鞋子?

대화 对话 (037)

밍밍	파란색 운동화 신어 볼 수 있어요?
주인	네, 한번 신어 보세요. 요즘 젊은 사람들이 제일 좋아하는 신발이에요.
밍밍	이 운동화는 정말 편하군요.
주인	네, 여기 있는 신발 중에서 가장 인기 있어요.
밍밍	저 파란색 모자는 얼마예요?
주인	이만 오천 원이에요. 한번 써 보세요.

새단어 生词

신발(을) 신다 穿(鞋)
정말 真的
인기가 있다 有人气的
모자 帽子
모자(를) 쓰다 戴(帽子)

착용 동사 穿戴动词

입다 穿
벗다 脱

쓰다 佩戴
벗다 脱

신다 穿鞋
벗다 脱

주요 부사 主要副词

제일
最

가장
最

정말
真

─군요

表示对新发现的事实感到惊讶或感叹─는군요用在动词词干后，─군요用在形容词词干后。
─(이)군요用在명사+이다的词干后。─았/었/였군요用在动词、形容词或名词的过去时的后面。

> 가 + **는군요** → 가는군요   좋 + **군요** → 좋군요

오늘은 날씨가 정말 좋군요! 今天天气真好啊！

가　방학에 고향에 가요. 放假回家乡。

나　방학에 고향에 가는군요. 放假你回家乡啊！

1　〈보기〉와 같이 쓰십시오. 仿照例子，写一写。

	─군요		─군요
보기 보다	보는군요	읽다	
마시다		좋아하다	
크다		작다	
예쁘다		춥다	

2　〈보기〉와 같이 대화를 완성하십시오. 仿照例句，完成对话。

보기

가　마이클 씨가 <u>열심히 공부하는군요.</u> (열심히 공부하다)

나　<u>시험이 있군요.</u> (시험이 있다)

(1)

가　아이스크림을 많이 ＿＿＿＿＿＿＿＿＿

나　＿＿＿＿＿＿＿＿＿＿＿＿＿＿＿＿ (아이스크림이 맛있다)

(2)

가　열심히 ＿＿＿＿＿＿＿＿＿＿＿

나　＿＿＿＿＿＿＿＿＿＿＿＿＿＿＿＿ (날씬하다)

> 새단어
> 生词
> **처음** 第一次

(3)

가　김치를 처음 ＿＿＿＿＿＿＿＿＿

나　＿＿＿＿＿＿＿＿＿＿＿＿＿＿＿＿ (김치가 맵다)

–는 (동사의 관형형)

接于动词后，表示现在时制。

> 먹 + **는** → 먹는 사람   공부하 + **는** → 공부하는 학생

빵을 먹는 사람이 이수빈 씨예요. 在吃面包的人是李秀嫔。

교실에서 커피를 마시는 사람이 토니 씨예요. 在教室里喝咖啡的人是托尼。

---

1 〈보기〉와 같이 문장을 완성하십시오. 仿照例句，完成句子。

> **보기**　지금 책을 읽습니다 / 왕리 씨입니다
>
> → 지금 책을 읽는 사람이 왕리 씨입니다.

(1) 영화관에 있습니다 / 토니 씨입니다

→ ________________________

(2) 전화를 합니다 / 밍밍 씨입니다

→ ________________________

(3) 공부를 합니다 / 리타 씨입니다

→ ________________________

2 〈보기〉와 같이 대화를 완성하십시오. 仿照例句，完成对话。

> **보기**　가　누가 토야 씨예요?
>
> 　　나　책을 읽는 사람이 토야 씨예요.

(1) 가　누가 리타 씨예요?

　　나　________________________

(2) 가　누가 유미코 씨예요?

　　나　________________________

1 다음을 듣고 질문에 답하십시오. 请听录音，并回答问题。 **038**

(1) 남자는 어디에 있습니까?

① 　② 　③ 　④ 

(2) 남자는 지금 무엇을 하러 왔습니까?
① 큰 신발을 교환하러 왔어요.　② 큰 모자를 교환하러 왔어요.
③ 작은 티셔츠를 교환하러 왔어요.　④ 작은 바지를 교환하러 왔어요.

2 다음을 듣고 질문에 답하십시오. 回答问题。 **039**

(1) 여자는 어디에 있습니까?

(2) 여자는 어떤 전화기를 샀습니까?
① 제일 큰 전화기　② 제일 인기 있는 전화기
③ 작고 가벼운 전화기　④ 좀 무거운 전화기

새단어 生词

교환하다 换
영수증 发票
마음에 들다 满意
사용하다 使用

 다음을 읽고 알맞은 답을 쓰십시오. 阅读下面内容，回答问题。

저는 동대문에 있는 옷가게에 갔어요.
요즘 짧은 치마가 인기 있어요.
하지만 제가 자주 입는 옷은 편한 운동복이에요.
입기도 벗기도 편해요.
그래서 저는 편한 운동복을 샀어요.

제가 자주 먹는 음식은 삼각김밥이에요.
삼각김밥 중에서 제일 매운 것을 자주 사요.
오늘 집 근처 편의점에 갔어요.
집 근처 편의점에 매운 삼각김밥이 없었어요.
그래서 같은 삼각김밥을 파는 편의점을 찾았어요.
다른 편의점에는 제가 좋아하는 매운 삼각김밥이 있었어요.

내일이 제 생일이에요. 그래서 여자 친구와 같이
반지를 사러 명동에 있는 반지 가게에 갔어요.
제가 좋아하는 반지는 좀 작아서 낄 수 없어요.
여자 친구가 좋아하는 반지는 값이 비싸지 않고 편했어요.
그래서 여자 친구가 좋아하는 반지를 샀어요.

(1) 밍밍 씨가 어디에 갔어요? ______________________

(2) 밍밍 씨가 왜 운동복을 샀어요? ______________________

(3) 왕리 씨가 자주 먹는 음식은 뭐예요? ______________________

(4) 왕리 씨가 어떤 삼각김밥을 사요? ______________________

(5) 토니 씨가 어제 왜 명동에 갔어요? ______________________

(6) 토니 씨는 어제 무엇을 샀어요? ______________________

(7) 위의 내용과 같은 것을 고르십시오.
　① 요즘 짧은 바지가 인기가 많아요.
　② 왕리 씨는 맵지 않은 삼각김밥을 좋아해요.
　③ 내일은 토니 씨 여자 친구의 생일이에요.
　④ 토니 씨는 여자 친구와 같이 반지 가게에 갔어요.

운동복 运动服
반지 가게 戒指商店
반지 戒指
끼다 带

1 〈보기〉와 같이 친구와 대화하십시오. 仿照例句，与朋友对话。

보기	
누구	왕리
과일	딸기 / 제일 좋아하다
음식	순두부찌개 / 자주 먹다
곳	노래방 / 자주 가다

철수　왕리 씨, 제일 좋아하는 과일이 뭐예요?
왕리　제일 좋아하는 과일은 딸기예요.
철수　요즘 자주 먹는 음식이 뭐예요?
왕리　자주 먹는 음식은 순두부찌개예요.
철수　요즘 자주 가는 곳이 어디예요?
왕리　자주 가는 곳은 노래방이에요.

(1)		(2)		(3)	
누구	리타	누구	토니	누구	유미코
과일	오렌지 / 제일 좋아하다	음식	햄버거 / 제일 싫어하다	취미	요리 / 제일 좋아하다
옷	짧은 치마 / 자주 입다	사람	리타 / 자주 만나다	음식	김밥 / 자주 만들다
노래	한국 노래 / 자주 듣다	곳	농구장 / 자주 가다	음료수	포도 주스 / 자주 마시다

2 〈보기〉와 같이 쓰십시오. 仿照例子，写一写。

가　우리 반에서 한국말을 제일 잘하는 사람이 누구예요?
나　한국말을 제일 잘하는 사람은 토니 씨예요.
가　토니 씨가 한국말을 제일 잘하는군요.

(한국말 / 토니)

(1)

가　우리 반에서 ＿＿＿＿＿＿＿＿ 사람이 누구예요?
나　＿＿＿＿＿＿＿＿＿＿＿＿＿＿＿＿＿
가　＿＿＿＿＿＿＿＿＿＿＿＿＿＿＿＿＿

(수영 / 유미코)

(2)

가　우리 반에서 ＿＿＿＿＿＿＿＿ 사람이 누구예요?
나　＿＿＿＿＿＿＿＿＿＿＿＿＿＿＿＿＿
가　＿＿＿＿＿＿＿＿＿＿＿＿＿＿＿＿＿

(노래 / 밍밍)

경음화 紧音化

收音 ㄴ 遇到开头音是 ㄱ 的音节时，ㄱ 发[ㄲ]音。

例子 ▶ 　인기　[인끼]
　　　　　안고　[안꼬]

1 잘 듣고 따라 읽으십시오. 听录音跟读。 **040**

(1) 인적

(2) 인권

(3) 장난기

2 잘 듣고 따라 읽으십시오. 听录音跟读。 **041**

(1) 아기를 안고 있어요.

(2) 제일 인기 있는 가수

(3) 장난기가 많은 소년

3 잘 듣고 쓰십시오. 听录音，写一写。 **042**

(1)

(2)

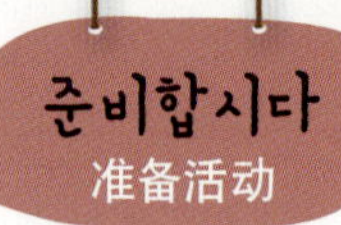

04 전자 상가에 가서 전자사전을 샀어요.

词汇 商街｜电子产品　语法 –아/어/여서 (顺序)｜보다　课题 比较

준비합시다 准备活动

수빈 씨는 무엇을 샀습니까? 秀嫔买什么了?

여러분은 무슨 전자 제품을 사용합니까? 你们使用哪些电子产品?

대화 对话　 043

토야　이 사전은 무거워서 불편해요. 새 사전이 필요해요.

수빈　다른 사전을 사세요.

토야　그래서 어제 집 근처 백화점에 갔어요. 너무 비쌌어요.

수빈　저는 전자 상가에 가서 전자사전을 샀어요. 거기에 가 보세요.

토야　거기가 값이 싸요?

수빈　네, 백화점보다 값도 싸고 물건도 다양해요.

상가 商街

전자 상가
电子商街

할인 매장
打折卖场

시장
市场

슈퍼마켓
超市

가게
商店

전자 제품 电子产品

① 냉장고 冰箱

② 세탁기 洗衣机

③ 전자레인지 微波炉

④ 텔레비전 电视

⑤ 사진기 相机

⑥ 노트북 笔记本电脑

⑦ MP3 MP3

⑧ 전기 주전자 电茶壶

⑨ 청소기 吸尘器

⑩ 에어컨 空调

⑪ 선풍기 电风扇

−아/어/여서 (순차)

用于动词后，表示两个行为按照时间顺序发生。−아서用在末尾音节是元音ㅏ，ㅗ的动词或形容词词干后面。−어서用在末尾音节是ㅏ，ㅗ以外的元音的动词或形容词词干和이다，아니다后面。−여서用于하다后面。

가 + 아서 → 가서
먹 + 어서 → 먹어서

하 + 여서 → 해서

학교에 가서 공부를 합니다. 去学校学习。

저녁에 요리를 해서 먹었어요. 晚上做菜吃。

---

1 〈보기〉와 같이 문장을 완성하십시오. 仿照例子，完成句子。

> 보기
> 밍밍 씨는 학교에 갑니다 / 밍밍 씨는 학교에서 공부합니다
> → 밍밍 씨가 학교에 가서 공부합니다.

(1) 수정 씨는 공원에 갑니다 / 수정 씨는 공원에서 산책합니다

→ ___________________________________

(2) 친구가 김밥을 만듭니다 / 친구가 김밥을 먹습니다

→ ___________________________________

2 〈보기〉와 같이 문장을 완성하십시오. 仿照例子，完成句子。

> 보기
> 학교에 오다 / 친구와 이야기하다
> → 학교에 와서 친구와 이야기해요.

(1) 아침에 일어나다 / 세수하다

→ ___________________________________

(2) 친구를 만나다 / 점심을 먹다

→ ___________________________________

보다

助词，用于名词后面，表示比较的对象。

어제 + **보다** → 어제보다   서울 + **보다** → 서울보다

가 토니 씨와 민수 씨 중에서 누가 커요? 托尼和敏洙谁个子高?
나 토니 씨가 민수 씨보다 키가 더 커요. 托尼比朴敏洙个子高。

가 여름에 고향이 더워요? 서울이 더워요? 夏天家乡热还是首尔热?
나 서울이 우리 고향보다 덜 더워요. 首尔没有我们家乡热。

1 〈보기〉와 같이 대화를 완성하십시오. 仿照例子，完成对话。

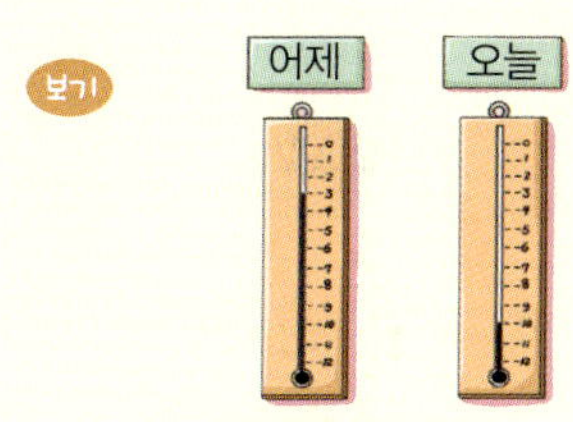

가 오늘이 추워요, 어제가 추워요?
나 오늘이 어제보다 추워요.

(1) 

가 마이클 씨가 커요? 토니 씨가 커요?
나 ______________________________

(2)

가 누구 집이 넓어요?
나 ______________________________

(3)

가 지하철이 복잡해요? 버스가 복잡해요?
나 ______________________________

1 다음을 듣고 질문에 답하십시오. 听录音，回答问题。 **(044)**

(1) 왕리 씨가 무엇을 샀습니까?

① 
75,000원

②
75,000원

③ 
78,000원

④ 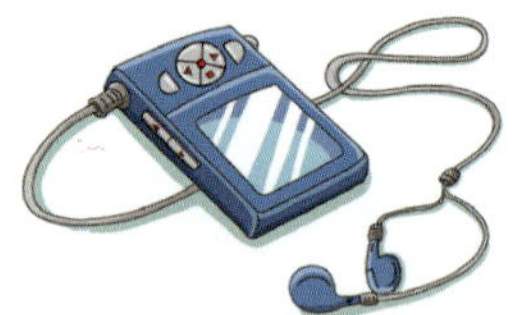
98,000원

(2) 맞으면 〇, 틀리면 × 하십시오.

① 빨간색 MP3가 값이 더 싸고 예쁩니다. (   )

② MP3가 생각보다 싸서 좋았습니다. (   )

> 새단어 生词
>
> **(값을) 깎다** 砍(物价)

2 수빈 씨의 오늘 하루 생활입니다. 〈보기〉와 같이 그림을 보고 쓰십시오.

下图是秀娟今天一天的生活。请仿照例句，看图后进行写作。

> **보기** 수빈 씨는 오늘 아침에 <u>일어나서</u> 운동을 했어요.
>
> 학교에서 밍밍 씨를 _______________ 같이 숙제를 했어요.
>
> 오후에 극장에 _______________ 영화를 봤어요.
>
> 저녁에 집에 _______________ 저녁을 먹었어요.

1 **다음을 읽고 질문에 답하십시오.** 读下面的内容，回答问题。

> 리타　아저씨, 노트북컴퓨터를 사고 싶어요. 어느 컴퓨터가 좋아요?
>
> 주인　이 두 대가 가장 인기가 많아요. 대한컴퓨터와 민국컴퓨터예요.
>
> 리타　어느 컴퓨터가 더 싸요?
>
> 주인　민국컴퓨터가 대한컴퓨터보다 더 싸요.
>
> 리타　어느 컴퓨터가 더 편리해요?
>
> 주인　민국컴퓨터가 더 편리해요. 민국컴퓨터가 조금 크고 무겁지만 대한컴퓨터보다
> 싸고 편리해서 인기가 많아요.
>
> 리타　저는 가벼운 컴퓨터를 사고 싶으니까 대한컴퓨터를 사겠어요.

(1)　알맞은 단어를 쓰십시오.

대한컴퓨터
보기　비싸다

민국컴퓨터
보기　싸다

(2)　리타 씨는 무슨 컴퓨터를 샀어요? 왜 그것을 샀어요?

____

2 **다음 그림을 보고 알맞을 말을 쓰십시오.** 请看下图，并书写适当的话语。

서울세탁기
싸다
불편하다
시끄럽다

문화세탁기
비싸다
편리하다
조용하다

> 손님　아저씨, 세탁기를 사고 싶어요. 어느 세탁기가 좋아요?
>
> 주인　이 두 대가 가장 좋아요.
>
> 손님　어떤 세탁기가 싸요?
>
> 주인　____________________________보다 __________
>
> 손님　어떤 세탁기가 더 편리해요?
>
> 주인　____________________________
>
> 　　　문화세탁기가 __________ 서울세탁기보다 __________고 __________ 인기가 많아요.
>
> 손님　저는 __________ 세탁기를 사고 싶으니까 서울세탁기를 사겠어요.

새단어 生词

시끄럽다 吵
조용하다 安静

3 여러분은 어떤 전자제품을 사고 싶습니까? 〈보기〉와 같이 비교해서 쓰십시오.

你想买什么电子产品? 仿照例子做比较，写一写。

서울세탁기	문화세탁기
싸다	비싸다
불편하다	편리하다
시끄럽다	조용하다

저는 세탁기가 필요해서 전자 상가에 갔어요. 인기가 많은 세탁기 두 대를 구경했어요. 문화세탁기는 서울세탁기보다 비싸요. 하지만 서울세탁기보다 조용하고 편리해서 인기가 많아요. 저는 싼 세탁기를 사고 싶어서 서울세탁기를 샀어요. 싼 세탁기를 사서 기분이 좋아요.

서울청소기	문화청소기
비싸다	싸다
무겁다	가볍다
조용하다	시끄럽다

저는 청소기가 필요해서 전자 상가에 갔어요. 인기가 많은 청소기 두 대를 구경했어요.

경음화 紧音化

收音 ㄱ, ㄷ, ㅂ, ㅅ, ㅈ 遇到以 ㄷ 开头的音节时, ㄷ 发[ㄸ]音。

例子 ▶ 무겁**다**　[무겁**따**]
　　　　가볍**다**　[가볍**따**]

1 잘 듣고 따라 읽으십시오. 听录音跟读。 **045**

(1) 입다

(2) 많다

(3) 무섭다

2 잘 듣고 따라 읽으십시오. 听录音跟读。 **046**

(1) 날씨가 너무 덥다.

(2) 한국 생활이 즐겁다.

(3) 친구들이 참 고맙다.

3 잘 듣고 쓰십시오. 听录音，写一写。 **047**

(1)

(2)

1 다음 중 단어의 관계가 <u>다른</u> 것을 고르십시오. 选择关系不同的单词。

(1) ① 원피스   ② 바지   ③ 티셔츠   ④ 운동화

(2) ① 신다   ② 읽다   ③ 입다   ④ 끼다

(3) ① 화장실   ② 냉장고   ③ 세탁기   ④ 청소기

2 〈보기〉와 같이 쓰십시오. 仿照例句，写一写。

> 보기
>
> 
>
> 연필 네 자루

(1)  _______________

(2)  _______________

(3) 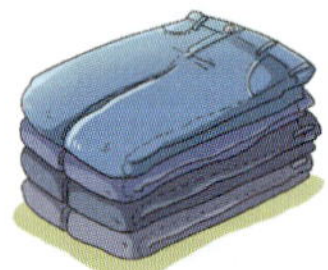 _______________

(4)  _______________

(5)  _______________

(6)  _______________

3 〈보기〉와 같이 대화를 완성하십시오. 仿照例句，完成对话。

> 보기  
>
> 가   김치 맛이 어때요?
>
> 나   김치가 참 맵군요!

(1)

가　여기가 북한산이에요.

나　__________________________

(2)

가　내일이 시험이에요.

나　__________________________

(3)

가　미영 씨가 아파서 학교에 안 왔어요.

나　__________________________

4 다음과 같이 알맞은 것을 연결하고 문장을 완성하십시오. 将下列相关的句子加以连接，并完成句子。

보기　커피숍에 갔어요.　　•　　• ① 산책을 했어요.

(1) 과일을 씻었어요.　　•　　• ② 이야기를 했어요.

(2) 케이크를 만들었어요.　•　　• ③ 시험공부를 했어요.

(3) 도서관에 갔어요.　　•　　• ④ 커피를 마셨어요.

(4) 친구를 만났어요.　　•　　• ⑤ 친구에게 선물을 했어요.

(5) 공원에 갔어요.　　•　　• ⑥ 과일을 먹었어요.

보기　커피숍에 가서 커피를 마셨어요.

(1) __________________________

(2) __________________________

(3) __________________________

(4) __________________________

(5) __________________________

5 〈보기〉와 같이 대화를 완성하십시오. 仿照例子，完成下面对话。

가　오늘 같이 점심 먹을 수 있어요?
나　오늘은 배가 아프니까 다음에 먹읍시다. (배가 아프다)

(1) 

가　저녁에 같이 영화를 볼까요?
나　________________________________

(2) 

가　이번 주말에 같이 산에 갈까요?
나　________________________________

(3) 

가　수업 후에 같이 도서관에서 공부할까요?
나　________________________________

(4) 

가　같이 운동할까요?
나　________________________________

6 〈보기〉와 같이 알맞은 것을 고르십시오. 仿照例子，选择正确答案。

> **보기** 아침에 배가 (아파서 / 아프니까) 병원에 갔어요.

(1) 남대문시장에 (가서 / 가니까) 옷을 샀어요.

(2) 아침에 일찍 (일어나서 / 일어나니까) 운동을 해요.

(3) 비가 (와서 / 오니까) 우산을 사세요.

(4) 배가 (고파서 / 고프니까) 식당에 갑시다.

(5) 그 영화가 (재미있어서 / 재미있으니까) 같이 보러 갈까요?

7 다음을 읽고 질문에 답하십시오. 请读下面的内容，回答问题。

> 요즘 날씨가 더워서 수박을 사는 사람이 많아요.
> 나도 수박을 사고 싶지만 너무 커서 혼자 다 먹을 수 없어요.
> 그래서 수박을 사서 친구들과 같이 먹었어요.
> 친구들과 같이 수박을 먹으니까 다 먹을 수 있었어요.

(1) 왜 요즘 수박을 사는 사람이 많아요? ________________________

(2) 왜 친구들과 같이 먹었어요? ________________________

(3) 수박을 다 먹었어요? ________________________

한국의 상점　韩国的商店

　　在韩国购买生活用品时可以在百货店，大型打折卖场，市场，小区内的小型超市，24小时便利店内便捷的买到。大部分物品上标有定价，但是市场上也有很多物品没有标价。因此在传统市场里买东西时最好货比三家，讨价还价后再买。

　　市场：东大门市场，南大门市场，小区内的市场一般价格便宜，种类繁多。没有标价的商品很多，可以讨价还价。

　　百货店：商品的品质值得信赖而且服务很周到。并且持有收据的话退货或者换货比较方便。所有物品分类放置，都标有价格。但是价格较贵。

　　大型打折卖场：和其他地方相比价格便宜，一次性购买很多的时候比较方便。像百货店一样物品分类摆放，标有价格。

❶ 사람들은 보통 어디에서 물건을 삽니까? 그 이유는 무엇입니까?

人们一般在哪里买东西？ 理由是什么？

❷ 여러분 나라의 상점들은 한국의 상점과 어떻게 다릅니까?

你们国家的商店和韩国的商店有什么不同？

第 08 章 

전화

01 이 선생님 계시면 좀 바꿔 주세요.

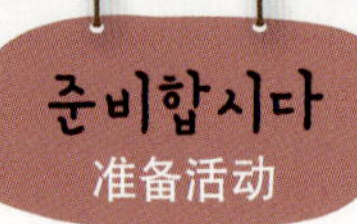

왕리 씨가 지금 무엇을 하고 있습니까?　王力现在做什么?

여러분은 누구와 자주 전화합니까?　你们经常和谁打电话?

대화 对话 048

왕리	여보세요? 사무실이지요?
김수정	네, 맞습니다. 누구를 찾으세요?
왕리	안녕하세요? 저는 1급 학생 왕리예요. 이 선생님 계시면 좀 바꿔 주세요.
김수정	네, 잠깐 기다려 주세요.
왕리	네, 감사합니다.
김수정	이 선생님, 전화 받으세요.

전화 표현 电话表达

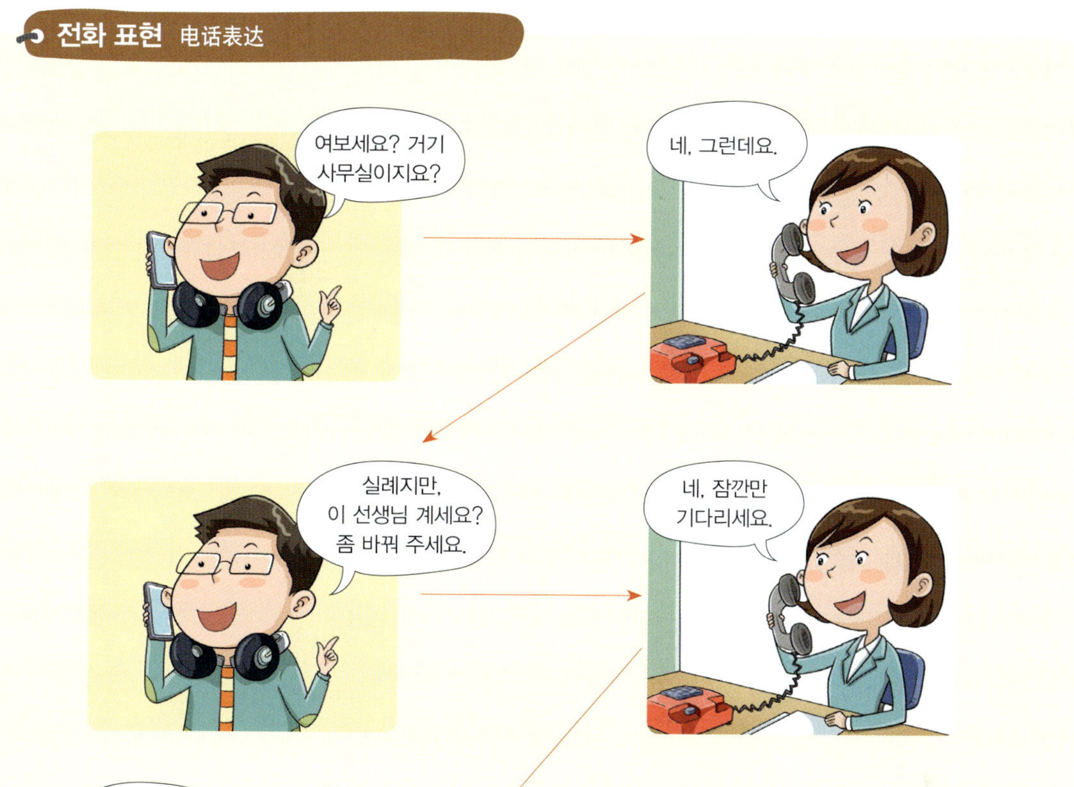

여보세요? 喂	그런데요. 是的。
거기 ( )지요? 哪里是( )吧?	실례지만 누구세요? 请问，您是哪位?
( ) 계세요? ( )在吗?	지금 안 계세요. 现在他(她)不在。
바꿔 주세요. 请让他(她)接电话。	네, 전화 바꿨습니다. 是我。我是○○。

ㅡ(으)면

用于动词和形容词后，表示条件或假设。ㅡ으면用在ㄹ收音除外其他有收音的动词或形容词词干以及ㅡ았ㅡ，ㅡ겠ㅡ的后面。ㅡ면用在没收音或以ㄹ收音结尾的动词或形容词词干以及이다，아니다的后面。

> 가 + 면 → 가면   많 + 으면 → 많으면

가　방학하면 우리 고향에 오세요. 放假的话来我们家乡玩吧。
나　네, 방학하면 가겠습니다. 好的，放假的话去。

가　시간이 있으면 뭘 하고 싶어요? 有时间的话想干什么？
나　여행가고 싶어요. 想去旅行。

1　〈보기〉와 같이 연결하고 문장을 완성하십시오. 仿照例子连线并并完成句子。

보기  　　●ㅡㅡㅡㅡㅡㅡㅡ●① 　피곤하다 / 잠을 자다

피곤하면 잠을 자요.

(1) 　　●　　　　　　　●②  　날씨가 따뜻하다 / 테니스 치다

____

(2) 　　●　　　　　　　●③ 　날씨가 덥다 / 샤워하다

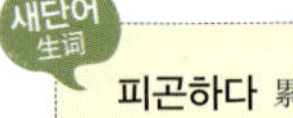
새단어 生词
피곤하다 累

2　〈보기〉와 같이 대화를 완성하십시오. 仿照例子，完成对话。

보기  
가　옷을 사고 싶어요.
나　시장에 가면 싸고 좋은 옷을 살 수 있어요.
　　(시장에 가다 / 싸고 좋은 옷을 사다)

(1)　가　김 선생님을 만나고 싶어요.
　　　나　_______________________ (사무실에 가다 / 만나다)

(2)　가　내일 뭐 할 거예요?
　　　나　_______________________ (날씨가 좋다 / 산에 가다)

–아/어/여 주다

–아/어/여 주다用于动词词干后，表示为他人做某种行动或要求他人为自己做某种行动。–아 주다用于末尾元音是ㅏ，ㅗ的动词词干后面，–어 주다用于末尾元音是除ㅏ，ㅗ以外的动词词干。–여 주다用于하다后面。

> 가 + **아 주다** → 가 주다 　　　　하 + **여 주다** → 해 주다
> 읽 + **어 주다** → 읽어 주다

가 　한국어를 배우고 싶어요? 想学习韩国语吗？
나 　네, 좀 가르쳐 주세요. 是的，请教我。

가 　무엇을 먹고 싶어요? 想吃什么？
나 　불고기를 만들어 주세요. 请给我做烤肉。

1 〈보기〉와 같이 쓰십시오. 仿照例子，写一写。

	–아/어/여 주다	–아/어/여 주세요
보기 오다	와 주다	와 주세요
쓰다		
읽다		
전화하다		

2 〈보기〉와 같이 문장을 완성하십시오. 仿照例句，完成句子。

김 선생님과 통화하고 싶어요.
→ <u>김 선생님을 바꿔 주세요.</u> (김 선생님을 바꾸다)

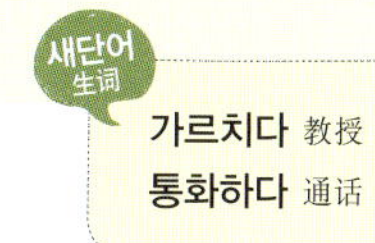

(1) 

수영을 배우고 싶어요.
→ _______________________ (수영을 가르치다)

(2) 

교실이 더러워요.
→ _______________________ (청소하다)

1 〈보기〉와 같이 친구와 대화하십시오. 仿照例句，与朋友对话。

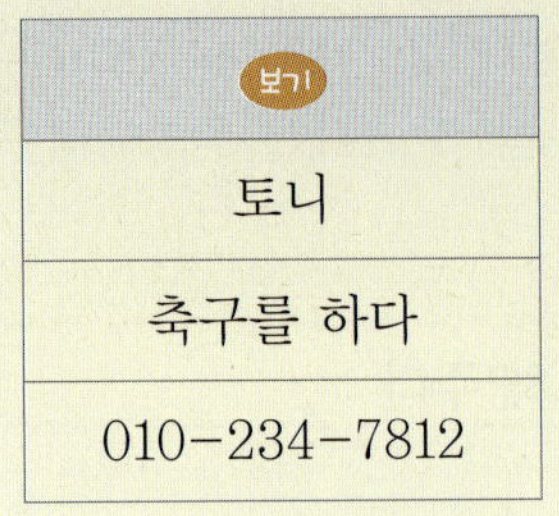

보기
토니
축구를 하다
010-234-7812

가　**토니** 씨 전화번호를 알아요?

나　네, 알아요. 왜요?

가　**토니 씨와 축구를 하고 싶어요.** 전화번호를 알면 가르쳐 주세요.

나　**토니** 씨 전화번호는 010-234-7812예요.

(1)	(2)	(3)
토야	밍밍	리타
밥을 먹다	도서관에 가다	쇼핑을 하다
010-983-7812	766-5369	016-283-2075

2 〈보기〉와 같이 친구와 대화하십시오. 仿照例句，与朋友对话。

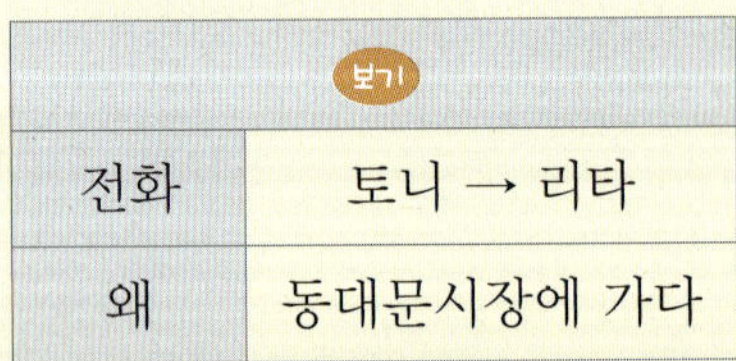

	보기
전화	토니 → 리타
왜	동대문시장에 가다

토니　안녕하세요? 저는 **토니**입니다. **리타** 씨 계세요?

리타　네, 저예요. 토니 씨, 무슨 일이에요?

토니　**리타** 씨, 오늘 바빠요?

리타　아니요, 바쁘지 않아요. 왜요?

토니　시간이 있으면 같이 **동대문시장에 갈까요?**

리타　네, 좋아요.

	(1)	(2)	(3)
전화	왕리 → 토야	유미코 → 수빈	철수 → 영이
왜	영화관에 가다	전자 상가에 가다	서점에 가다

3 다음을 듣고 질문에 답하십시오. 听录音，回答问题。 **049**

(1) 유미코 씨는 왜 토니 씨에게 전화를 했습니까?

(2) 리타 씨의 전화번호는 몇 번입니까?

    ① 872-1139   ② 872-1149   ③ 871-2239   ④ 872-2249

4 다음을 듣고 맞으면 ○, 틀리면 × 하십시오. 听录音，正确的划○，错误的划×。 **050**

(1) 리타 씨가 전화를 했어요.   (　　　)

(2) 리타 씨와 유미코 씨는 내일 만날 거예요.   (　　　)

(3) 유미코 씨는 바빠서 영화를 볼 수 없어요.   (　　　)

5 다음을 듣고 이어질 말을 고르십시오. 听录音，选择衔接正确的内容。 **051**

① 네, 병원에 가 주세요.

② 네, 지금 가겠어요.

③ 머리가 아프면 약을 먹어요.

④ 내일 만날 수 없어요.

1 다음을 읽고 맞으면 ○, 틀리면 ✕ 하십시오. 读下面的内容, 正确的划○, 错误的划✕。

> 존슨　유미코 씨, 리타 씨에게 빨리 전화하고 싶어요.
>
> 　　　　리타 씨 전화번호를 알면 좀 가르쳐 주세요.
>
> 유미코　리타 씨 전화번호가 지금 집에 있어요.
>
> 　　　　그런데 왜 리타 씨 전화번호를 알고 싶어요? 무슨 일 있어요?
>
> 존슨　리타 씨가 오늘 도서관에 가요. 제가 부탁이 있어서요.
>
> 유미코　오늘 저도 도서관에 가요.
>
> 존슨　그래요? 그럼 책 좀 빌려 주세요. 주말에 읽고 싶은 책이 있어요.
>
> 유미코　네, 무슨 책이에요?
>
> 존슨　한국 요리 책이에요. 책을 빌리면 저에게 전화해 주세요.

(1)　존슨 씨는 리타 씨에게 전화하고 싶어 해요.　　　　　　　（　　　）

(2)　유미코 씨는 지금 리타 씨 전화번호가 없어요.　　　　　　（　　　）

(3)　존슨 씨는 오늘 도서관에서 리타 씨를 만나요.　　　　　　（　　　）

(4)　유미코 씨는 오늘 도서관에 갈 거예요.　　　　　　　　　（　　　）

2 다음을 읽고 질문에 답하십시오. 阅读下面内容,回答问题。

> 유미코　여보세요? 토니 씨?
>
> 토니　네, 누구세요?
>
> 유미코　유미코예요. 토니 씨 내일 시간이 있어요?
>
> 토니　네, 시간이 있어요. 왜요?
>
> 유미코　오후에 명동에서 쇼핑을 할 거예요. 같이 갈 수 있어요?
>
> 토니　네, 어디에서 만날까요?
>
> 유미코　오후 2시에 혜화역에서 만나요.

(1)　유미코 씨는 토니 씨와 어디에서 만날 거예요?　________________

(2)　유미코 씨는 토니 씨와 언제 만날 거예요?　________________

(3)　유미코 씨는 토니 씨와 무엇을 할 거예요?　________________

새단어 生词

혜화역 惠化站

모음 축약 元音简缩

词干的元音ㅗ, ㅜ遇到语尾的元音ㅏ, ㅓ时, 缩略为[**와, 워**]。

例子　바꾸- + -어　[바꿔]
　　　　　오- + 았어요　[왔어요]

1 잘 듣고 따라 읽으십시오. 听录音跟读。 **052**

(1)　보아/봐

(2)　두어/둬

(3)　주어/줘

2 잘 듣고 따라 읽으십시오. 听录音跟读。 **053**

(1)　나는 한국 전통 춤을 추었다. / 나는 한국 전통 춤을 췄다.

(2)　나는 주말에 영화를 보았다. / 나는 주말에 영화를 봤다.

(3)　나는 친구에게 선물을 주었다. / 나는 친구에게 선물을 줬다.

3 잘 듣고 쓰십시오. 听录音, 写一写。 **054**

(1)

(2)

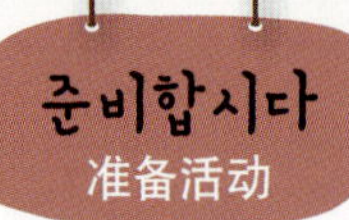 02 전화벨 소리를 못 들었어요.

준비합시다
准备活动

리타 씨는 오늘 왜 학교에 못 갔어요?　丽塔今天为什么不能去学校?

여러분은 아프면 어떻게 해요?　你们生病的话怎么做?

대화 对话　(055)

왕리	리타 씨, 아침에 왜 전화를 안 받았어요? 무슨 일이 있어요?
리타	머리가 너무 아파서 계속 잤어요. 전화벨 소리를 못 들었어요.
왕리	약은 먹었어요?
리타	아니요. 아직 못 먹었어요.
왕리	머리가 아픈데 왜 약을 안 먹었어요?
리타	약을 자주 먹으면 안 좋아요. 좀 쉬면 괜찮을 거예요.

새단어
生词

머리 头
계속 一直
전화벨 电话铃
아직 尚未, 至今
못 不能

전화 관련 표현 与电话相关的表达

전화를 걸다 / 하다 打电话

잘못 걸다 打错了

통화중 通话中

부재중 未接

유용한 전화번호 常用电话号码

범죄 신고 犯罪举报

전화번호 안내 电话号码查询

외국인 관광 안내
外国人观光查询

화재 신고/구조 신고
火灾报警/救助申请

날씨 안내 天气查询

못

表示没有能力或因为外部原因不能按照自己的意愿进行，或者没有达到某种状态。

못 + 가다 → 못 가다　　　　　　못 + 먹다 → 못 먹다

가　제주도에 갈 수 있어요? 能去济州岛吗?

나　아니요, 저는 일이 있어서 제주도에 못 가요. 不能，我有事不能去济州岛。

가　같이 점심을 먹을 수 있어요? 能一起吃午饭吗?

나　아니요, 저는 배가 아파서 점심을 못 먹어요. 不能，我肚子疼不能吃午饭。

1 〈보기〉와 같이 연결하고 문장을 완성하십시오. 仿照例子连线并写一写。

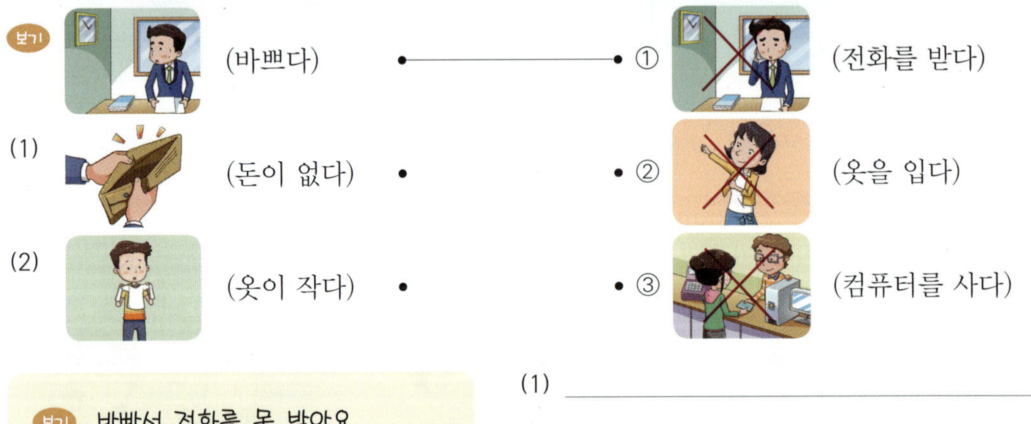

보기 (바쁘다) ━━━━━━━━ ① (전화를 받다)

(1) (돈이 없다) • • ② (옷을 입다)

(2) (옷이 작다) • • ③ (컴퓨터를 사다)

보기 바빠서 전화를 못 받아요.

(1) ______________________________

(2) ______________________________

2 〈보기〉와 같이 대화를 완성하십시오. 仿照下面例子，完成对话。

보기

가　오늘 학교에 올 수 있어요?
나　아니요, 학교에 못 가요.

(1) 

가　수영할 수 있어요?
나　______________________

(2) 

가　한국말을 할 수 있어요?
나　______________________

–(으)ㄴ/는데 (상황)

用于动词，形容词或이다，아니다的后面，表示提示背景或状况使用的语尾。–ㄴ데用于没有收音或以ㄹ收音结尾的形容词词干后面，–(으)ㄴ데用于有收音的形容词词干后面，–는데用于所有动词词干后面。

아프 + ㄴ데 → 아픈데　　좋 + 은데 → 좋은데　　가 + 는데 → 가는데

가　비가 오는데 창문을 닫읍시다. 在下雨，把窗户关上吧。
나　네, 제가 닫겠습니다. 好的，我去关上。

가　어디에 갈까요? 去哪里呢?
나　날씨가 맑은데 산에 갑시다. 天气很好去爬山吧。

1　〈보기〉와 같이 문장을 완성하십시오. 仿照例子，完成句子。

> 보기　아침에 샤워하다 / 전화가 오다 → 아침에 샤워하는데 전화가 왔어요.

(1)　이 옷을 어제 샀다 / 교환하고 싶다 → ______________________

(2)　외국 사람이다 / 한국말을 잘하다　→ ______________________

(3)　냉면이 맛있다 / 냉면을 먹읍시다　→ ______________________

2　〈보기〉와 같이 대화를 완성하십시오. 仿照例子，完成对话。

> 보기
> 가　창문을 닫을까요?
> 나　네, 추운데 창문을 닫읍시다.

(1) 

가　선생님 전화번호를 알아요?
나　아니요, ______________ 가르쳐 주세요.

(2) 

가　왜 밖에 안 나가요?
나　______________ 우산이 없어요.

1 다음을 듣고 맞으면 ○, 틀리면 × 하십시오. 听录音，正确的划○，错误的划×。 **056**

(1) 남자는 전화를 잘못 걸었습니다. （　　　）

(2) 여기는 도서관입니다. （　　　）

2 다음을 듣고 질문에 답하십시오. 听录音，回答问题。 **057**

(1) 토야 씨는 오늘 어디에 갑니까? _________________

(2) 왕리 씨는 왜 같이 못 갑니까? _________________

3 〈보기〉와 같이 친구와 대화하십시오. 仿照例句，与朋友对话。

보기	리타 **토야 씨, 탁구를 칠 수 있어요?**
토야	토야 아니요, 저는 **탁구를 못 쳐요.**
탁구를 치다 (×)	리타 **토야 씨, 스케이트를 탈 수 있어요?**
스케이트를 타다 (○)	토야 네, 스케이트를 탈 수 있어요.

(1)	(2)	(3)
유미코	토니	이수빈
영어를 하다 (○)	기타를 치다 (×)	수영하다 (×)
피아노를 치다 (×)	농구를 하다 (○)	자전거를 타다 (○)

4 〈보기〉와 같이 친구와 대화하십시오. 仿照例句，与朋友对话。

보기	가 **내일 휴일인데 같이 영화를 볼까요?**
내일, 휴일이다 / 같이 영화, 보다	나 **약속이 있는데 다음에 봅시다.**
약속, 있다 / 다음, 보다	

(1)	(2)
날씨, 좋다 / 산, 가다	저 식당, 맛있다 / 저기, 먹다
요즘, 바쁘다 / 다음, 가다	어제, 저 식당, 갔다 / 오늘, 다른 곳, 가다

5 〈보기〉와 같이 친구와 대화하십시오. 仿照例句，与朋友对话。

가　여보세요? **한국대학교**입니까?

나　네, 맞습니다. 누구를 찾으십니까?

가　저는 1급 학생 **바트**입니다.

　　거기 **김 선생님** 계시면 좀 바꿔 주십시오.

나　네, 잠깐 기다리세요.

　　김 선생님 바꿔 드리겠습니다.

	보기	(1)	(2)
전화	바트 → 한국대학교	왕리 → 컴퓨터실	토야 → 민수 씨 집
통화하고 싶은 사람	김 선생님	리차드 씨	민수 씨

6 〈보기〉와 같이 친구와 대화하십시오. 仿照例句，与朋友对话。

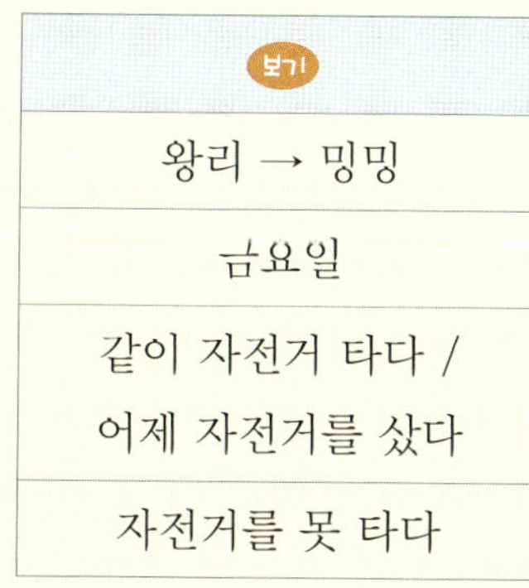

가　여보세요? **밍밍** 씨예요? 저 **왕리**예요.

나　안녕하세요? 무슨 일이에요?

가　**밍밍** 씨, **금요일**에 시간 있어요?

나　네, **금요일**에 시간이 있어요. 왜요?

가　시간이 있으면 **같이 자전거를 탈까요**?

　　어제 자전거를 샀는데 같이 타고 싶어요.

나　그래요? 하지만 저는 **자전거를 못 타요.**

(1)	(2)	(3)
토니 → 리타	토야 → 수빈	유미코 → 민수
주말	여름 방학	토요일
같이 스키를 타다 / 눈이 많이 왔다	같이 바다에 가다 / 요즘 수영 배우다	같이 김치를 만들다 / 어제 학교에서 배웠다
스키를 못 타다	수영을 못하다	김치를 못 만들다

1 다음을 읽고 〈보기〉와 같이 빈칸에 알맞은 말을 쓰십시오. 请读下面的内容，仿照例句填空。

저는 주말에 친구와 티셔츠를 사러 남대문시장에 갔어요.

지하철을 타고 갔어요. 지하철에 사람이 많았어요.

비가 와서 시장에 사람이 많지 않았어요.

가게에서 옷과 가방을 구경했어요.

예쁜 티셔츠가 있어서 사고 싶었어요.

하지만 돈이 없어서 못 샀어요.

시장 구경을 하고 비빔밥을 먹었어요.

비빔밥을 처음 먹었어요. 조금 맵지만 아주 맛있었어요.

왕리 씨가 주말에 지하철을 **보기** **탔는데** 사람이 많았어요. 남대문시장에 __________ 비가 와서 사람이 많지 않았어요. 왕리 씨는 티셔츠를 사고 __________ 돈이 없어서 못 샀어요. 왕리 씨는 비빔밥을 처음 __________ 아주 맛있었어요.

2 여러분은 주말에 무엇을 했습니까? 쓰십시오. 你们周末做什么了？写一写。

경음화 紧音化

惯用语语尾 –(으)ㄹ 遇到以 ㄱ, ㄷ, ㅂ, ㅅ, ㅈ 开头的音节时 ㄱ, ㄷ, ㅂ, ㅅ, ㅈ 分别发紧音[ㄲ, ㄸ, ㅃ, ㅆ, ㅉ]。

例子 쉴 거 [쉴 꺼]
먹을 거 [먹을 꺼]

1 잘 듣고 따라 읽으십시오. 听录音跟读。 (058)

(1) 갈 거예요

(2) 줄 거예요

(3) 먹을 거예요

2 잘 듣고 따라 읽으십시오. 听录音跟读。 (059)

(1) 주말에 아빠한테 전화할 거예요.

(2) 밤에는 전화를 안 받을 거예요.

(3) 저는 집에서 책을 읽을 거예요.

3 잘 듣고 쓰십시오. 听录音，写一写。 (060)

(1)

(2)

리타 씨에게서 문자메시지를 받았어요?

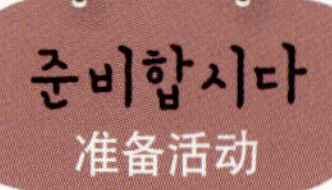

두 사람은 리타 씨에게 무엇을 선물합니까?　两个人给丽塔送什么礼物?

여러분은 생일에 친구에게 무슨 선물을 받고 싶습니까?　你们过生日的时候, 想收到朋友给的什么礼物?

대화 对话  061

유미코　민수 씨, 내일 약속 장소가 바뀌었는데 리타 씨에게서 문자메시지를 받았어요?

박민수　네, 저도 연락 받았어요.

유미코　민수 씨는 리타 씨 생일 선물을 샀어요? 저는 못 샀어요.

박민수　저도 아직 못 샀는데 같이 사러 갑시다.

유미코　네, 그래요. 리타 씨에게 CD를 선물할까요?

박민수　좋아요. 리타 씨가 좋아할 거예요.

장소 地点
바뀌다 改变
연락 联系, 联络

문자메시지 관련 표현 与短信有关的表达

문자메시지를 쓰다/
보내다

写短信 / 发短信

문자메시지를 받다

收到短信

답장하다/답장을 받다/
보내다

回信 / 收回信 / 发回信

주다/받다/드리다 送/收/送

왕리가 리타에게 선물을 주다

王力给丽塔送礼物

리타가 왕리에게서 선물을 받다

丽塔从王力收到礼物

왕리가 선생님께 선물을 드리다

王力给老师送礼物

선생님께서 왕리에게 선물을 주시다

老师给王力送礼物

에게/한테

用在人的名词后面，表示接受动作影响的对象。한테多用于口语中。

> 친구 + 에게 → 친구에게   동생 + 한테 → 동생한테

가　리타 씨 생일에 무엇을 줬어요? 丽塔生日的时候送什么了？

나　리타 씨에게 꽃을 사줬어요. 给丽塔送花了。

가　동생한테 무엇을 줬어요? 给弟弟什么了？

나　동생한테 케이크를 줬어요. 送给弟弟蛋糕。

1　〈보기〉와 같이 문장을 완성하십시오. 仿照例句，完成句子。

왕리 씨가 유미코 씨에게 꽃을 선물해요.

(1) 

강수진 씨가 박민수 씨______ 전화를 해요.

(2) 

학생이 강 선생님______ 공책을 드려요.

2　〈보기〉와 같이 대화를 완성하십시오. 仿照例子，完成对话。

> 보기
> 가　누가 왕리 씨 전화번호를 알아요?
> 나　<u>리타 씨에게 물어 보세요.</u> (리타 / 물어 보다)

(1)　가　리타 씨 생일에 무슨 선물을 주었어요?

　　　나　________________________________ (리타 씨 / 책을 사 주다)

(2)　가　수진 씨가 누구에게 편지를 써요?

　　　나　________________________________ (친구 / 편지를 쓰다)

에게서/한테서

에게서用于人的名词后，表示动作开始的地方。한테서多用于口语。

가 리타 씨, 생일에 무엇을 받았어요? 丽塔生日的时候收到什么了？
나 왕리 씨에게서 꽃을 받았어요. 收到了王力送的花。

가 누구에게서 케이크를 받았어요? 谁送你蛋糕了呢？
나 형한테서 케이크를 받았어요. 从哥哥那收到了蛋糕。

1 〈보기〉와 같이 문장을 완성하십시오. 仿照例句，完成句子。

왕리 씨가 유미코 씨에게 전화를 했어요.

→ 유미코 씨가 왕리 씨에게서 전화를 받았어요.

(1) 

강수진 씨가 박민수 씨에게 문자메시지를 보냈어요.

→ _______________________________

(2) 

학생이 선생님께 이메일을 보냈어요.

→ _______________________________

이메일 电子邮件

2 〈보기〉와 같이 대화를 완성하십시오. 仿造例子，完成对话。

가 누구한테서 선물을 받았어요?
나 수진 씨한테서 선물을 받았어요.

(1) 

가 누구에게서 문자메시지를 받았어요?
나 _______________________________

(2) 

가 누구에게서 한국말을 배워요?
나 _______________________________

1 다음을 듣고 질문에 답하십시오. 听录音，回答问题。 **062**

(1) 토니 씨는 누구에게 편지를 썼습니까?   ____________________

(2) 토니 씨는 내일 무엇을 받습니까?   ____________________

(3) 토니 씨는 내일 누구에게서 편지를 받습니까?   ____________________

2 다음을 듣고 맞으면 ○, 틀리면 ✕ 하십시오. 听录音，正确的划○，错误的划✕。 **063**

(1) 왕리 씨는 리타 씨 생일에 갈 수 있습니다.   (   )

(2) 왕리 씨는 리타 씨와 통화했습니다.   (   )

(3) 토야 씨는 리타 씨를 만납니다.   (   )

(4) 리타 씨는 지금 전화기를 껐습니다.   (   )

3 〈보기〉와 같이 친구와 대화하십시오. 仿照例句，与朋友对话。

보기	
크리스마스	
리타 → 남자 친구	남자 친구 → 리타
소설책	가방

박민수 리타 씨, 지난 크리스마스에 남자 친구에게 무슨 선물을 사 줬어요?

리타 남자 친구에게 소설책을 사 줬어요.

박민수 리타 씨는 남자 친구에게서 무슨 선물을 받았어요?

리타 저는 남자 친구에게서 가방을 받았어요.

(1)		(2)		(3)	
설날		졸업식		생일	
철수 → 할머니	할머니 → 철수	밍밍 → 토야	토야 → 밍밍	미나 → 민호	민호 → 미나
인삼	겨울 옷	전자사전	MP3	꽃	시계

새단어 生词

소설책 小说   **설날** 春节   **졸업식** 毕业典礼

쓰기/말하기 写/说

1 〈보기〉와 같이 휴대전화 문자메시지를 작성하십시오. 仿照例子，编写手机短信。

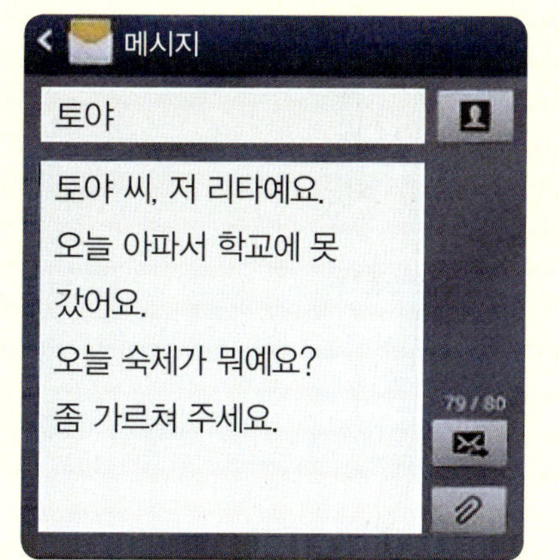

리타 씨는 아파서 학교에 못 갔습니다.
숙제를 하고 싶은데 모릅니다. 그래서
토야 씨에게 문자메시지를 보냈습니다.

철수 씨는 오늘 영이 씨와 같이 영화를
보고 저녁 식사를 하고 싶습니다. 그래
서 영이 씨에게 문자메시지를 보냅니다.

2 문자메시지를 받고 답장을 쓰십시오. 收到上面的短信后，写一写回信。

3 〈보기〉와 같이 친구와 대화하십시오. 仿照例句，与朋友对话。

보기	
누가	유미코
무엇을	책
누구에게	토니
왜	토니 씨한테서 선물을 받았다 / 고마워서 선물하고 싶다

왕 리　**유미코** 씨, 뭘 샀어요?

유미코　책을 샀어요. 내일 **토니** 씨한테
　　　　줄 거예요.

왕 리　내일이 **토니** 씨 생일이에요?

유미코　아니요, 지난번에 **토니** 씨한테서
　　　　선물을 받았는데, 고마워서 저도
　　　　선물하고 싶어요.

왕 리　**토니** 씨가 좋아할 거예요.

	(1)	(2)	(3)
누가	리타	밍밍	토니
무엇을	초콜릿	옷	꽃
누구에게	밍밍	토야	여자 친구
왜	밍밍 씨가 숙제를 도와줬다 / 고마워서 주고 싶다	토야 씨한테서 선물을 받다 / 고마워서 선물하고 싶다	여자 친구한테서 CD를 받다 / 선물하고 싶다

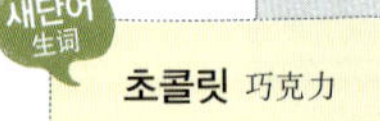

초콜릿 巧克力

4 여러분은 가족에게 무슨 선물을 하고, 무슨 선물을 받고 싶어요? 〈보기〉와 같이 쓰십시오.

你想给家人送什么礼物，想收什么礼物？仿照例句，写一写。

> 보기　우리 어머니께서는 꽃을 좋아하세요. 저는 어머니께 꽃을 선물하고 싶어요.
> 저는 책 읽기를 좋아해요. 그래서 어머니께 책을 선물 받고 싶어요.

ㄴ첨가 ㄴ 添加

以ㄴ结尾的音节或单词遇到以**이**或**야**，**여**，**요**，**유**开始的音节或单词时，ㄴ会添加到后面的音节发其首音。

例子 맨입 [맨닙]
지난 여름 [지난녀름]

1 잘 듣고 따라 읽으십시오. 请听录音并跟读。 （064）

(1) 무슨 일

(2) 좋은 일

(3) 나쁜 일

2 잘 듣고 따라 읽으십시오. 请听录音并跟读。 （065）

(1) 아기가 낮잠을 자는군요.

(2) 지난 여름에 설악산에 갔어요.

(3) 저는 서른여섯 살이에요.

3 잘 듣고 쓰십시오. 听录音，写一写。 （066）

(1)

(2)

04 저도 잘 몰라요.

준비합시다 准备活动

선생님은 토니 씨에게 무엇을 묻고 있습니까?　老师在问托尼什么?

여러분은 전화번호가 어떻게 됩니까?　你们的电话号码是多少?

대화　对话　(067)

김수정	리타 씨가 학교에 안 왔어요. 무슨 일이 있어요?
토니	저도 잘 몰라요.
김수정	리타 씨에게 전화했어요?
토니	제가 전화했는데 리타 씨가 금방 끊었어요.
김수정	기분이 나쁘겠어요.
토니	저는 괜찮아요. 선생님께서 한번 전화해 보세요.
김수정	네, 제가 전화하겠어요.

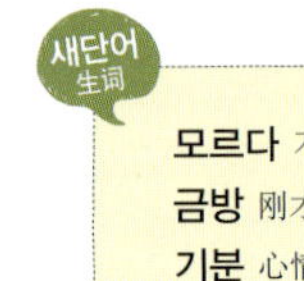

새단어 生词

모르다 不知道
금방 刚才
기분 心情

휴대전화 관련 표현 与手机相关的表达

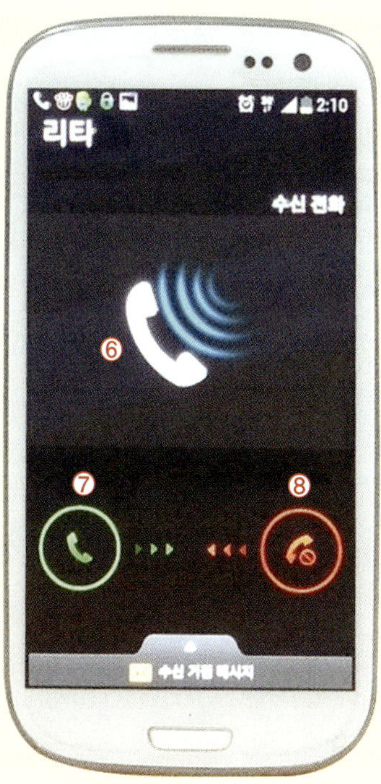

① 전화 메뉴 电话 菜单
② 전화번호부 电话簿
③ 메시지 短信
④ 인터넷 上网
⑤ 애플리케이션 应用

⑥ 전화를 걸다/하다 打电话
⑦ 전화를 받다 接电话
⑧ 전화를 끊다 挂电话

전화번호 电话号码	연락처 联络处
전화 요금 电话费	전화 카드 电话卡
국내 전화 国内电话	국제 전화 国家长途
수신자 부담 反响付费	인터넷 전화 网络电话

르 불규칙

词干以르结尾的一部分动词遇到以元音开始的语尾时，ㄹ有时会再添加一个，有时不会。词干的
形态出现不规则的变化。

다**르** + 아요 → 달라요   부**르** + 어요 → 불러요

가   김 선생님을 아세요? 认识金老师吗?

나   아니요, 몰라요. 不, 不认识。

가   많이 먹었어요? 배불러요? 吃足了吗? 肚子饱了吗?

나   네, 배부릅니다. 是的, 饱了。

1   〈보기〉와 같이 쓰십시오. 仿照例子写一写。

	-ㅂ니다/습니다	-아/어/여요	-(으)니까	-아/어/여서
보기 고르다	고릅니다	골라요	고르니까	골라서
다르다				
누르다				
빠르다				

2   〈보기〉와 같이 대화를 완성하십시오. 选择单词, 完成对话。

> 보기 가   무슨 옷을 살까요?
>
> 나   봄이니까 밝은 옷을 <u>골라요</u>. (고르다)

(1) 가   왜 버스를 안 타고 지하철을 타요?

     나   퇴근 시간에는 지하철이 더 _______________ (빠르다)

(2) 가   형하고 학교가 같아요?

     나   아니요, _______________ (다르다)

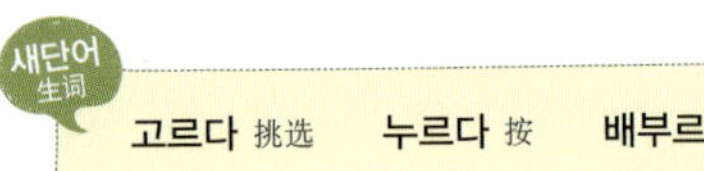

–겠– (추측)

用于动词或形容词后，表示推测。

> 불편하 + 겠 + 다 → 불편하겠다
> 맛있 + 겠 + 다 → 맛있겠다

가　친구가 청소를 안 해요. 그래서 집이 더러워요. 朋友不打扫卫生。所以家里很脏。
나　불편하겠어요. 应该很不方便。

가　요즘 춤을 배우고 있어요. 最近正在学跳舞。
나　재미있겠어요. 应该很有趣。

1　〈보기〉와 같이 대화를 완성하십시오. 选择单词，完成对话。

가　우리 고향은 겨울에 눈이 많이 와요.
나　<u>날씨가 춥겠어요.</u>

(1) 

가　이 영화 볼까요?
나　_______________

(2) 

가　불고기를 만들었어요.
나　_______________

2　아래에서 알맞은 것을 골라 〈보기〉와 같이 대화를 완성하십시오.
选择下列正确的表现，仿照例句完成对话。

배고프다	바쁘다	피곤하다	잘하다	배부르다

보기　가　아침밥을 못 먹었어요.
　　　나　<u>배고프겠어요.</u>

(1)　가　시험이 있어서 잠을 못 잤어요.
　　　나　_______________________________

(2)　가　불고기를 혼자 3인분 먹었어요.
　　　나　_______________________________

1 다음을 듣고 맞으면 ○, 틀리면 ✕ 하십시오. 听录音，正确的划○，错误的划✕。 **068**

(1) 남자와 여자는 같이 한국어를 배웁니다. (   )

(2) 여자는 한국어를 잘합니다. (   )

(3) 남자는 한국어를 잘 못합니다. (   )

2 다음을 듣고 맞으면 ○, 틀리면 ✕ 하십시오. 听录音，正确的划○，错误的划✕。 **069**

(1) 남자와 여자는 오늘 약속이 있습니다. (   )

(2) 남자는 오늘 여자와 만납니다. (   )

(3) 여자가 남자한테 전화할 겁니다. (   )

3 다음을 잘 듣고 질문에 답하십시오. 听录音，回答问题。 **070**

(1) 남자는 왜 전화를 못 받았습니까?
① 너무 바빠서　　　　　　　② 전화가 집에 있어서
③ 전화기 배터리가 없어서　　④ 받고 싶지 않아서

(2) 다음 중 맞는 것을 고르십시오.
① 여자는 메시지를 보내는 방법을 모릅니다.
② 여자는 010-9856-3224번에 전화를 걸었습니다.
③ 남자는 전화를 잘못 걸었습니다.
④ 남자는 어제 여자와 통화했습니다.

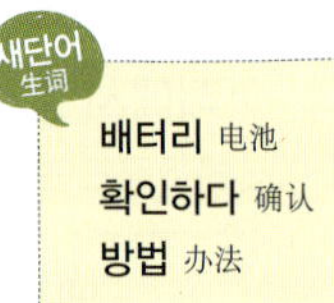

4 〈보기〉와 같이 친구와 대화하십시오. 仿照例句，与朋友对话。

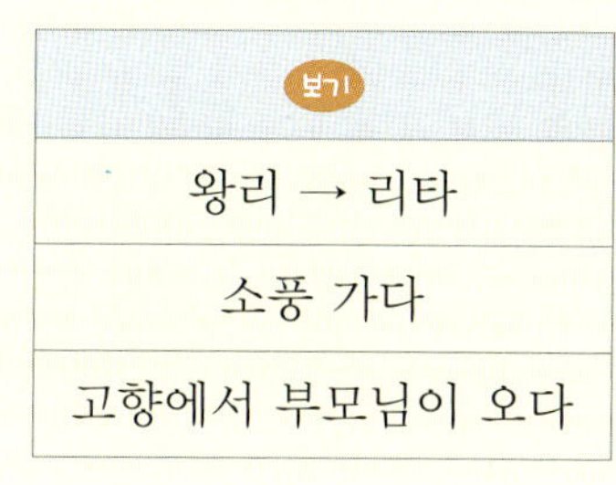

리타   여보세요?
왕리   **리타** 씨, 저 **왕리**예요. 내일 휴일인데 같이 **소풍
      갈까요?**
리타   미안해요. **고향에서 부모님이 오셔서** 갈 수 없어요.
왕리   그래요? 정말 기분이 좋겠어요.

(1)	(2)	(3)
토야 → 민수	토니 → 유미코	수빈 → 밍밍
영화를 보다	시장에 가다	명동에 가다
여자 친구와 약속이 있다	제주도에 여행가다	고향에서 친구가 오다

5 〈보기〉와 같이 친구와 대화하십시오. 仿照例句，与朋友对话。

가   그게 뭐예요?
나   **수영복이에요. 요즘 수영을 배웠어요.**
가   **재미있겠군요.**

(1)	(2)	(3)
커피	우유	반지
어제 / 일이 많다	아침 / 밥을 못 먹다	주말 / 선물을 받다
피곤하다	배가 고프다	기분이 좋다

여러분은 무엇을 할 수 있습니까? 〈보기〉와 같이 질문에 답하고 쓰십시오.

你们会做什么? 仿照例句，回答问题后写一写。

질문	잘하다	잘 못하다	못하다
한국말을 잘해요?		∨	
탁구를 잘 쳐요?			∨
수영을 잘해요?	∨		
요리를 잘해요?		∨	
피아노를 잘 쳐요?		∨	

보기

저는 한국말을 배우고 있어요. 그렇지만 잘 못해요.

저는 탁구를 못 쳐요. 탁구는 배우지 않았어요.

저는 수영을 잘해요. 10살부터 배웠어요. 요즘도 가끔 수영장에 가서 수영을 해요.

저는 요리를 잘 못해요. 요리하면 맛이 없어요. 그래서 요리를 잘 안 해요.

저는 피아노를 잘 못 쳐요. 8살에 배웠지만 좋아하지 않았어요.

질문	잘하다	잘 못하다	못하다
한국말을 잘해요?			
탁구를 잘 쳐요?			
수영을 잘해요?			
요리를 잘해요?			
피아노를 잘 쳐요?			

단모음화 単元音化

口盖音ㅈ, ㅊ遇到双元音야, 여, 요, 유时，发单元音[아, 어, 오, 우]。

例子 집이죠 [집이조]
쳐라 [처라]

1 잘 듣고 따라 읽으십시오. 听录音跟读。 **071**

(1) 가져

(2) 가죠

(3) 다쳤다

2 잘 듣고 따라 읽으십시오. 听录音跟读。 **072**

(1) 요즘 운동을 안 해서 살이 쪘다.

(2) 어제 오랜만에 테니스를 쳤다.

(3) 오늘은 어디에서 저녁을 먹죠?

3 잘 듣고 쓰십시오. 听录音，写一写。 **073**

(1) 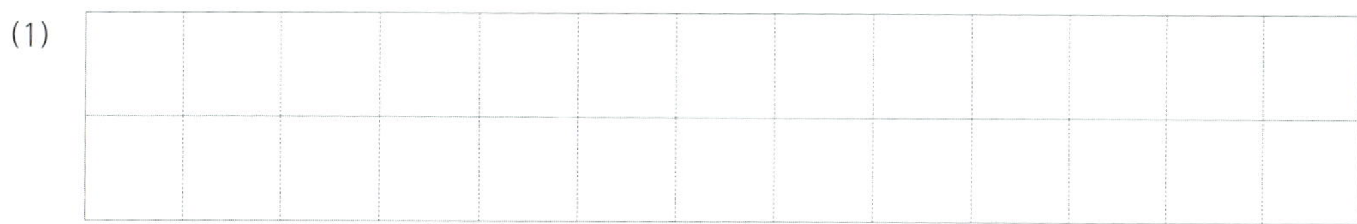

(2)

1 다음에서 알맞은 대답을 골라 연결하십시오. 选择正确的答案连线。

(1) 리타 씨 집이지요? • • ① 여보세요?

(2) 여보세요? • • ② 네, 맞는데요.

(3) 언제 들어와요? • • ③ 잠시만 기다리세요.

(4) 리타 씨 좀 바꿔 주세요. • • ④ 한 시에 들어올 거예요.

(5) 리타 씨 있어요? • • ⑤ 네, 다시 전화하겠습니다.

(6) 다시 전화하시겠어요? • • ⑥ 아니요, 지금 집에 없어요.

2 아래에서 알맞은 것을 골라 〈보기〉와 같이 대화를 완성하십시오.

选择下列正确的表现，仿照例句完成对话。

배부르다   다르다   모르다   빠르다   (노래를) 부르다   누르다   오르다

> **보기** 가   몇 층에 가세요?
>
> 나   5층을 <u>눌러 주세요.</u>

(1) 가   버스를 타고 갈까요? 지하철을 타고 갈까요?

나   지금은 지하철이 _______________(-(으)니까) 지하철을 타고 갑시다.

(2) 가   밍밍 씨와 메이 씨는 고향이 같아요?

나   아니요, _______________(-아/어/여요)

(3) 가   누구 노래예요? 아주 좋네요.

나   이 노래는 김승철이 _______________(-았/었/였어요)

(4) 가   밍밍 씨 전화번호를 아세요?

나   아니요, 저는 _______________(-아/어/여요)

(5) 가   식사를 하러 갑시다.

나   _______________(-아/어/여서) 먹고 싶지 않아요.

3 다음을 듣고 맞으면 ○, 틀리면 ✕ 하십시오. 听录音，正确的划○，错误的划✕。 **074**

(1) 박민수 씨의 회사에서 전화가 왔습니다.　　　　　（　　　）

(2) 박민수 씨는 지금 집에 있습니다.　　　　　（　　　）

4 아래에서 알맞은 것을 골라 〈보기〉와 같이 대화를 완성하십시오.
选择下列正确的表现，仿照例句完成对话。

-(으)면	-아/어/여 주다	못	-(으)ㄴ/는데
겠	에게	께	에게서

(1)
가　방학에 뭐 하고 싶어요?
나　______________________ 여행을 가고 싶어요.

(2)
가　더 먹을 수 있어요?
나　아니요, ______________________

(3)
가　구름이 많고 날씨가 흐려요.
나　조금 후에 ______________________

(4)
가　오늘 학교에 안 와요?
나　네, 아파서 학교에 못 가요. ______________________
　　전해 주세요.

(5)
가　누구 편지예요?
나　______________________ 편지를 받았어요.

5 〈보기〉와 같이 대화를 완성하십시오. 仿照例句, 完成对话。

> **보기**　가　숙제를 왜 안 했어요?
>
> 　　　　나　<u>머리가 아파서 못 했어요.</u> (머리가 아프다)

(1)　가　어제 밍밍 씨 생일 파티에 왜 안 왔어요?

　　　나　_______________________ (일이 많다)

(2)　가　오늘 점심에 뭐 먹었어요?

　　　나　_______________________ (시간이 없다)

(3)　가　이번 주말에 같이 공원에 갈까요?

　　　나　미안해요. _______________________ (친구하고 약속이 있다)

(4)　가　어제 왜 전화 안 했어요?

　　　나　_______________________ (휴대전화가 고장나다)

6 다음을 읽고 질문에 답하십시오. 读下面的内容, 回答问题。

> 저는 잘하는 것도 있고 못하는 것도 있어요.
>
> 저는 수영을 좋아해요. 7살부터 배워서 아주 잘해요. 일주일에 두 번쯤 수영장에 가고 여름에는 수영하러 바다에 가요.
>
> 그리고 저는 노래 듣기를 좋아해요. 한국 노래를 자주 들어요. 하지만 저는 노래를 잘 못 불러요. 노래를 잘 못 부르지만 가끔 친구들과 노래방에 가요. 어제 리타 씨한테서 전화가 왔어요. 오늘 저녁을 먹고 리타 씨와 노래를 부르러 갈 거예요.

(1)　왕리 씨는 수영을 잘해요?　_______________________

(2)　왕리 씨는 수영장에 자주 가요?　_______________________

(3)　왕리 씨는 무슨 음악을 좋아해요?　_______________________

(4)　왕리 씨는 오늘 누구와 어디에 가겠어요?　_______________________

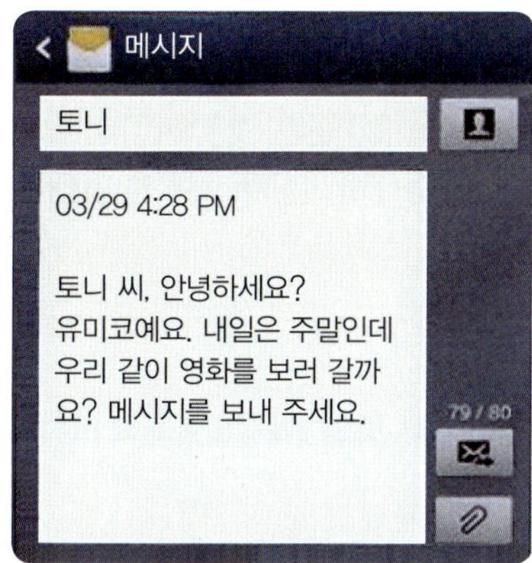

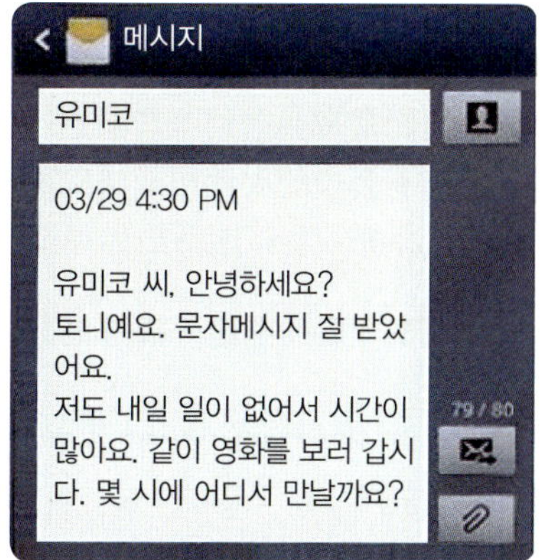

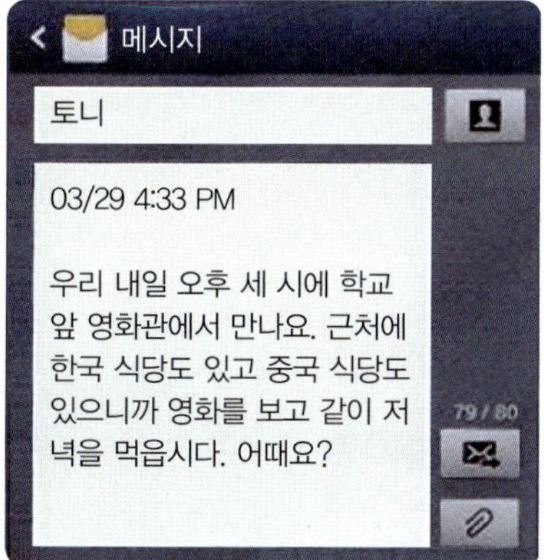

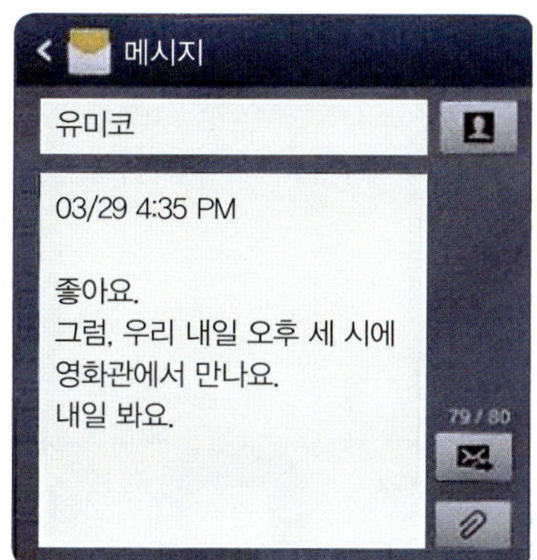

(1) 토니 씨와 유미코 씨는 내일 어디에서 만납니까? ____________________

(2) 맞으면 ○, 틀리면 × 하십시오.

　① 내일은 주말입니다. 　　　　　　　　　(　　　)

　② 유미코 씨는 내일 일이 좀 있습니다. 　　(　　　)

한국의 주요 전화번호 韩国常用的电话号码

　　生活过程中我们常常会遇到一些意想不到的事情。比如说一个很小的失误就能引起一场大的火灾，一辈子都不会去的大使馆或法院的电话有时候也需要到处打听。如果大家也遇到上面的情况，你会怎么办呢？会打电话给你周围的朋友询问吗？还是直接到办事的地方去解决呢？

　　在韩国记住几个主要的电话号码是很方便的。下面就来介绍一下。

119：火警电话。若有急病或出了事故也可拨打该电话。消防队员会迅速出动并提供救援。

114：电话号码查询台。会亲切地提供银行、学校或大使馆等需要查询的号码。

112：家里被盗或在外面遭遇扒手时都可以向警察寻求帮助。迷路时也可以报警。警队队员会迅速为你解决事故或事情。

131：想查询天气信息的时候拨打该电话，接线员会亲切地给予回答。

119
화재 신고
火警

114
전화번호 안내
电话询问

112
범죄 신고
报警

131
날씨 안내
天气咨询

❶ 이 외에 알아 두면 편리한 주요 전화번호로는 어떤 것들이 있을까요?
除此以外，还有哪些如果记住会很方便的重要电话号码？

❷ 여러분 나라의 주요 전화번호를 소개하십시오.
介绍一下你们国家主要的电话号码。

词汇 交通手段 | 与移动有关的表达 1　语法 (으)로 (手段) | 에서 ~까지　课题 询问并谈论交通手段

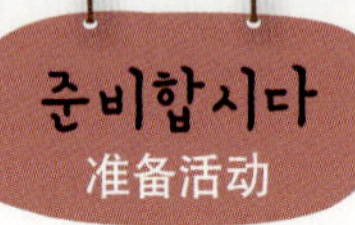

왕리 씨는 어디에 갑니까?　王力去哪里?

여러분은 학교에 어떻게 옵니까?　大家怎么来学校呢?

(075)

왕리	실례합니다. 여기에서 남대문시장에 어떻게 가요?
여자	건너편에서 106번 버스를 타세요.
왕리	어디에서 내려요?
여자	남대문시장 정류장에서 내리세요.
왕리	여기에서 거기까지 시간이 얼마나 걸려요?
여자	버스로 20분쯤 걸려요.

실례하다 打扰一下

건너편 对面

번 路, 次

내리다 下车

얼마나 多少

걸리다 花费(时间或金钱)

쯤 左右

교통수단　交通工具

자동차 汽车

택시 出租车

버스 公交车

지하철 地铁

기차 火车

고속버스 长途大巴

비행기 飞机

배 船

자전거 自行车

오토바이 摩托车

공항버스 机场大巴

이동 관련 표현 1　与移动有关的表达 ।

을/를 타다 乘坐

에서 내리다 下车

에서 출발하다 出发

에 도착하다 到达

(으)로 갈아타다
换乘

(으)로 가다/오다
往N 去 / 来

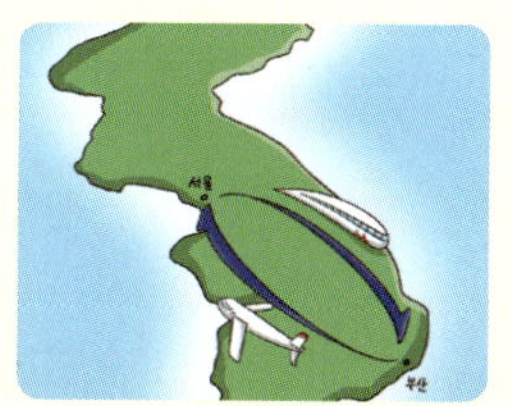
을/를 타고 가다/오다
坐N 去 / 来

(으)로 (수단)

用在名词后面，表示某种行为的工具、手段或方法的助词。—으로用在ㄹ收音除外的其他有收音的名词后面，—로 用在没有收音或以ㄹ收音结尾的名词后面。

버스 + **로** → 버스로   지하철 + **로** → 지하철로

인터넷 + **으로** → 인터넷으로

가　왕리 씨, 어떻게 학교에 오세요? 王力，你怎样来学校？

나　버스로 학교에 와요. 坐公交车来学校。

가　밍밍 씨, 옷을 어디에서 샀어요? 明明，你在哪买衣服？

나　인터넷으로 샀어요. 在网上买的。

1　〈보기〉와 같이 알맞은 단어를 고르십시오. 仿照例子，选择正确的单词。

> 보기　제주도에 비행기(으로 / (로)) 가요.

(1)　한국 음식은 숟가락과 젓가락(으로 / 로)먹어요.

(2)　볼펜(으로 / 로) 이름을 쓰세요.

(3)　시장에 자전거(으로 / 로) 가요.

2　〈보기〉와 같이 대화를 완성하십시오. 仿照例子，完成对话。

> 보기
> 가　어느 나라 말로 이야기해요?
> 나　한국말로 이야기해요.

(1)　

가　부산에 어떻게 가요?

나　______________________

(2)　가　무엇으로 사진을 찍어요?

나　______________________

에서 ~까지

에서用在名词后面，表示某种行为或状态的出发点或起始点。까지表示该行为或状态的到达点。

> 집 + **에서** 학교 + **까지** → 집에서 학교까지
>
> 고향 + **에서** 서울 + **까지** → 고향에서 서울까지

가 집에서 학교까지 얼마나 걸려요? 从家到学校需要多久?

나 집에서 학교까지 30분 걸려요. 从家到学校需要30分钟。

가 고향에서 서울까지 비행기로 얼마나 걸렸어요? 从家乡到首尔坐飞机需要多久?

나 고향에서 서울까지 비행기로 세 시간쯤 걸렸어요. 从家乡到首尔坐飞机需要3个小时左右。

1 〈보기〉와 같이 문장을 완성하십시오. 仿照例子，完成句子。

> **보기** 대학로 → 명동 (지하철, 15분) 대학로에서 명동까지 지하철로 15분 걸려요.

(1) 서울 → 북경 (비행기, 1시간) 서울______ 북경______ 비행기______ 1시간 걸려요.

(2) 집 → 도서관 (자전거, 20분) 집______ 도서관______ 자전거______ 20분 걸려요.

(3) 서울 → 부산 (기차, 2시간 40분) 서울______ 부산______ 기차______ 2시간 걸려요.

2 〈보기〉와 같이 대화를 완성하십시오. 仿照例子，完成对话。

보기

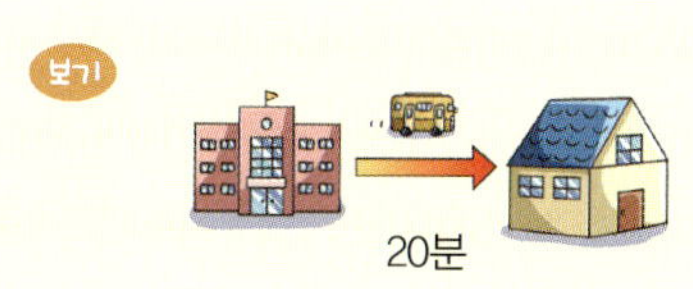

가 학교에서 집까지 얼마나 걸려요?

나 학교에서 집까지 버스로 20분 걸려요.

(1)

가 학교에서 남대문시장까지 얼마나 걸려요?

나 ______________________________

(2)

가 서울에서 제주도까지 얼마나 걸려요?

나 ______________________________

새단어
生词

시간 时间、小时

1 〈보기〉와 같이 친구와 대화하십시오. 仿照例句，与朋友对话。

〈보기〉	
누구	왕리
에서 ~까지	집 → 학교
어떻게 와요?	버스
얼마나 걸려요?	20분

리타 왕리 씨, 집에서 학교까지 어떻게 와요?
왕리 집에서 학교까지 버스로 와요.
리타 집에서 학교까지 얼마나 걸려요?
왕리 집에서 학교까지 20분쯤 걸려요.

	(1)	(2)	(3)
누구	리타	토니	밍밍
에서 ~까지	집 → 공항	학교 → 사무실	고향 → 한국
어떻게 와요?	공항버스	자전거	비행기
얼마나 걸려요?	1시간 30분	30분	2시간

새단어 生词
공항 机场

2 아래에서 알맞은 것을 골라 〈보기〉와 같이 친구에게 묻고 쓰십시오.

选择下列正确的单词，问朋友并写一写。

버스 지하철 택시 차 비행기 배 자전거 오토바이 공항버스
집 서울 부산 제주도 백화점 시청 공항 고향 학교 영화관

〈보기〉
가 학교에서 백화점까지 어떻게 가요?
나 학교에서 백화점까지 버스로 가요.

가 학교에서 백화점까지 얼마나 걸려요?
나 학교에서 백화점까지 버스로 30분쯤 걸려요.

가 ___________________________________
나 ___________________________________
가 ___________________________________
나 ___________________________________

1 다음을 듣고 질문에 답하십시오. 听录音，回答问题。 **076**

(1) 밍밍 씨는 고향에서 서울까지 어떻게 왔어요? ______________

(2) 맞으면 ○, 틀리면 × 하십시오.

① 고향에서 서울까지 오는 데 배로 12시간쯤 걸렸습니다. (　　　)

② 밍밍 씨의 고향은 비행기로만 갈 수 있습니다. (　　　)

③ 고향에서 서울까지 비행기로 1시간 걸립니다. (　　　)

2 다음을 듣고 질문에 답하십시오. 听录音，回答问题。 **077**

(1) 리타 씨는 대학로에서 신촌까지 어떻게 가요? 다음 빈 칸을 채우십시오.

	타다	갈아타다	내리다
지하철 역 이름		동대문역사문화공원역	

(2) 맞으면 ○, 틀리면 × 하십시오.

① 왕리 씨는 어제 신촌에서 영화를 봤습니다. (　　　)

② 리타 씨는 오늘 신촌에 영화를 보러 갑니다. (　　　)

③ 대학로에서 신촌까지 지하철로 20분쯤 걸립니다. (　　　)

3 〈보기〉와 같이 쓰십시오. 仿照例子，写一写。

신촌역 新村站
동대문역사문화공원역 东大门历史文化公园站

보기	
이름	밍밍
언제	오늘
왜	친구를 만나다
출발 / 도착	학교 / 명동
교통수단	지하철 4호선 / 명동역
시간	15분

토니　밍밍 씨, 오늘 뭐 해요?

밍밍　친구를 만나러 명동에 가요.

토니　학교에서 명동까지 어떻게 가요?

밍밍　지하철 4호선을 타고 명동역에서 내려요.

토니　학교에서 명동까지 지하철로 얼마나 걸려요?

밍밍　15분쯤 걸려요.

(1)

이름	왕리
언제	토요일
왜	사진을 찍다
출발 / 도착	집 / 경복궁
교통수단	지하철 3호선 / 경복궁역
시간	20분

토니 　　　　　 씨, 　　　　　에 뭐 해요?
왕리 　　　　　
토니 　　　　　 어떻게 가요?
왕리 　　　　　을 타고 　　　　　
토니 　　　　　 얼마나 걸려요?
왕리 　　　　　 걸려요.

(2)

이름	민수
언제	수업 후
왜	기타를 배우다
출발 / 도착	학교 / 신촌
교통수단	버스 273번 / 신촌역
시간	30분

토니 　　　　　 씨, 　　　　　에 뭐 해요?
민수 　　　　　
토니 　　　　　 어떻게 가요?
민수 　　　　　을 타고 　　　　　
토니 　　　　　 얼마나 걸려요?
민수 　　　　　 걸려요.

4 위의 표를 보고 〈보기〉와 같이 쓰십시오. 参照上表，仿照例子完成下面短文.

보기
밍밍 씨는 오늘 친구를 만나려 명동에 갑니다. 학교에서 명동까지 지하철로 갑니다. 지하철 4호선을 타고 명동역에서 내립니다. 학교에서 명동까지 지하철로 15분쯤 걸립니다.

(1)

(2)

모음 축약 元音简缩

以 ㅏ 结尾的动词与过去时态接尾词**았**结合，而动词**-하다**是例外，与**였**结合变为[**했**]并发音。

例子 ▶ 공부**하였**습니다 [공부하였습니다] / 공부**했**습니다 [공부**했**씀니다]
구경**하였**습니다 [구경**하였**습니다] / 구경**했**습니다 [구경**했**씀니다]

1 잘 듣고 따라 읽으십시오. 听录音跟读。 **078**

(1) 인사하였습니다

(2) 말했습니다

(3) 초대했습니다

2 잘 듣고 따라 읽으십시오. 听录音跟读。 **079**

(1) 선생님께 인사하였습니다.

(2) 학생들이 말했습니다.

(3) 친구들을 초대했습니다.

3 잘 듣고 쓰십시오. 写下你所听到的内容。 **080**

(1)

(2)

02 명동으로 가 주세요.

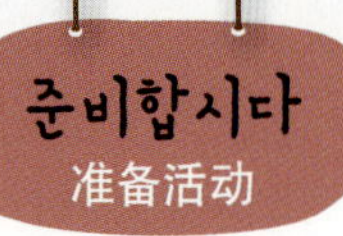

왕리 씨는 어디로 갑니까?　王力去哪里?

여러분은 언제 택시를 탑니까?　大家什么时候打出租车?

대화 对话　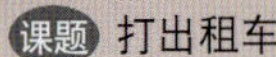 081

기사	어서 오십시오. 어디까지 가십니까?
왕리	명동으로 가 주세요.
기사	어디에서 세워 드릴까요?
왕리	지하철역 근처 하얀 건물 앞에 세워 주세요. 그런데 어느 쪽으로 가면 빨라요?
기사	지금은 출근 시간이어서 이쪽이 더 빨라요.
왕리	시간이 없으니까 빨리 좀 가 주세요.

새단어 生词

기사 司机
세우다 停(车)
출근 上班
이쪽 这边

교통수단 이용 장소 交通工具使用场所

버스 터미널 巴士客运站

공항 机场

기차역 火车站

버스 정류장 巴士站

① 사거리 十字路口
② 횡단보도 人行横道
③ 지하도 地下道
④ 신호등 红绿灯
⑤ 지하철역 地铁站

방향 方向

동쪽	서쪽	남쪽	북쪽
东边	西边	南边	北边

색 颜色

① 하얗다 白色的
② 노랗다 黄色的
③ 빨갛다 红色的
④ 파랗다 蓝色的
⑤ 까맣다 黑色的

ㅎ 불규칙

以收音ㅎ结尾的形容词遇到元音时ㅎ脱落。以ㅎ收音结尾的形容词与–아/어/여–连接时，ㅎ脱落变为애，与以으开头的语尾–(으)ㄴ，–(으)니까，–(으)면连接时，ㅎ脱落。

빨갛 + 아요 → 빨개요	하얗 + 아요 → 하얘요
빨갛 + (으)ㄴ 사과 → 빨간 사과	하얗 + (으)ㄴ 얼굴 → 하얀 얼굴

가　왜 얼굴이 빨개요? 脸为什么红了?

나　날씨가 추워서 얼굴이 빨개요. 因为天冷所以脸变红了。

가　저기 있는 까만 바지 좀 보여 주세요. 请给我看一下那条黑色的裤子。

나　네, 여기 있어요. 好的，给您。

1　〈보기〉와 같이 쓰십시오. 仿照例句, 写一写。

	–습니다	–아/어요	–았/었어요	–(으)ㄴ	–(으)니까
보기 노랗다	노랗습니다	노래요	노랬어요	노란	노라니까
파랗다					
하얗다					
어떻다					
넣다					

2　〈보기〉와 같이 문장을 완성하십시오. 仿照例子, 完成句子。

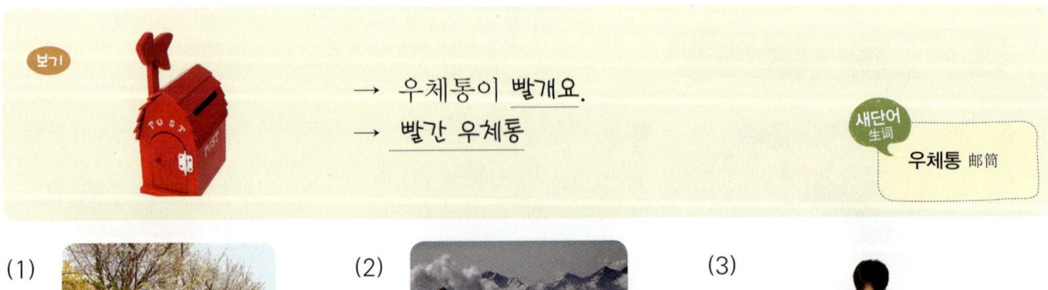

(1) 

→ 꽃이 _______

→ _______

(2) 

→ 산이 _______

→ _______

(3)

→ 머리가 _______

→ _______

(으)로 (방향)

助词，用于场所或方向的名词后，表示将该地点或方向当作目的地，或经过该地点移动或前进。
으로用于ㄹ收音除外的其他有收音的名词后面，로用于没有收音或以ㄹ结尾的名词后面。

> 저기 + **로** → 저기로   오른쪽 + **으로** → 오른쪽으로

가　리타 씨가 어디로 갔어요? 丽塔去哪里了？
나　저기로 갔어요. 去那里了。

가　꽃가게가 어디에 있어요? 鲜花店在哪里？
나　여기에서 오른쪽으로 가세요. 从这里往右走。

1　다음 〈보기〉와 같이 알맞은 조사를 쓰십시오. 仿照例子，填上适当的助词。

> **보기**　학생들은 이쪽<u>으로</u> 오십시오.

(1)　이번 방학에 제주도________ 여행을 가요.

(2)　사무실은 4층________ 올라가십시오.

(3)　명동역 3번 출구________ 나가십시오.

2　아래에서 알맞은 것을 골라 〈보기〉와 같이 대화를 완성하십시오. 选择下列正确的单词，并仿照例句完成对话。

오른쪽	1번 출구	왼쪽

가　화장실이 어디에 있어요?
나　<u>오른쪽으로 가세요.</u>

(1)

가　사무실이 어디에 있어요?
나　________________________

새단어
生词

출구 出口

(2)

가　몇 번 출구로 나가요?
나　________________________

1 여러분이 택시에 탔습니다. 〈보기〉와 같이 친구와 대화하십시오.

大家都坐过出租车。仿照下面的例子，与朋友对话。

> **보기** 기사　어디까지 가십니까?
> 밍밍　**명동**으로 가 주세요.
> 기사　**명동** 어디에 가십니까?
> 밍밍　**하나백화점**이요. 죄송하지만 **친구들이 기다리니까** 빨리 가 주세요.
> 기사　어디에서 내려 드릴까요?
> 밍밍　저기 **하얀 건물** 앞에 세워 주세요.

	보기	(1)	(2)	(3)
어디로	명동	시청	광화문	강남
어디에	하나백화점	한국신문사	서울서점	강남역
왜	친구들이 기다리다	수업에 늦었다	약속에 늦었다	배가 좀 아프다
어디에서	하얀 건물	횡단보도	파란 건물	신호등

2 다음을 읽고 질문에 답하십시오. 读下面内容，回答问题。

> 기사　손님, 어디로 갈까요?
> 리타　강남역으로 가 주세요. 여기에서 강남역까지 얼마나 걸려요?
> 기사　지금은 출근 시간이 아니어서 1시간이면 갈 수 있어요. 강남역 어디에 내려
> 　　　드릴까요?
> 리타　강남역 2번 출구에 내려 주세요.
> 　　　지금 현금이 없는데 카드로 계산할 수 있지요?
> 기사　네, 카드로 계산할 수 있어요.
> 리타　네, 여기 있습니다.

(1)　리타 씨는 어디에 어떻게 갑니까?　________________________

(2)　리타 씨가 거기까지 가는데 시간이 얼마쯤 걸려요?　________________________

(3)　리타 씨는 택시 요금을 어떻게 계산할 거예요?　________________________

새단어 生词　　**강남역** 江南站　　**광화문** 光化们　　**계산하다** 付(钱)　　**요금** 费用

1 다음을 듣고 질문에 답하십시오. 听录音，并回答问题。 **082**

(1) 여자는 무슨 옷을 샀습니까?

① 　② 　③ 　④ 

(2) 맞으면 ○, 틀리면 × 하십시오.

① 여자는 빨간색 티셔츠도 살 거예요.　　　　　(　　　)

② 빨간색과 까만색 치마는 여자한테 클 거예요.　(　　　)

③ 파란색과 노란색은 사이즈가 같아요.　　　　(　　　)

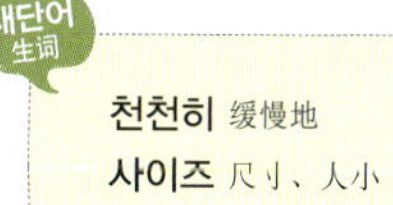

2 다음을 듣고 질문에 답하십시오. 听录音，回答问题。 **083**

(1) 여자는 어디에 갑니까?

① 서울호텔　　② 강남호텔　　③ 남산호텔　　④ 한강호텔

(2) 맞으면 ○, 틀리면 × 하십시오.

① 지금은 차가 많지 않습니다.　　　　　　(　　　)

② 지금은 아침 시간이어서 사람이 많습니다.　(　　　)

③ 택시가 서쪽으로 가면 빨리 갈 수 있습니다.　(　　　)

3 〈보기〉와 같이 친구와 대화하십시오. 仿照例子，与朋友对话。

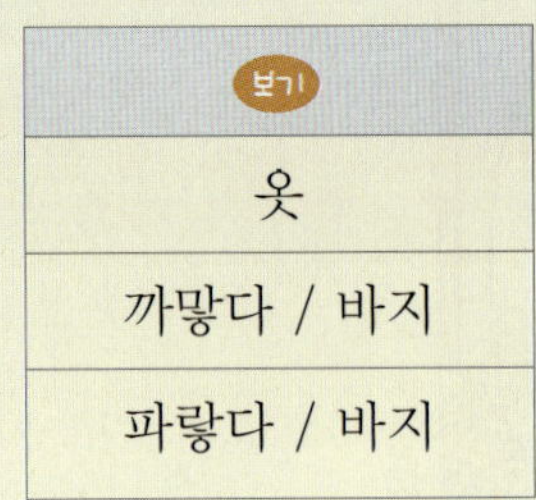

손님	아주머니, 저기에 있는 **옷** 좀 보여 주세요.
직원	어느 **옷**이요?
손님	**까만 바지** 옆에 있는 **옷**이요.
직원	이 **옷**이요?
손님	아니요, **까만 바지** 왼쪽에 있는 옷이요.
직원	아, **파란 바지**요. 여기 있어요.

(1)	(2)	(3)	(4)
옷	옷	가방	운동화
파랗다 / 치마	빨갛다 / 티셔츠	빨갛다	하얗다
빨갛다 / 치마	노랗다 / 티셔츠	노랗다	까맣다

경음화 紧音化

收音 -(으)ㄹ 遇到以 ㄱ, ㄷ, ㅂ, ㅅ, ㅈ 开头的音节时, 分别发紧音[ㄲ, ㄸ, ㅃ, ㅆ, ㅉ]。

例子 올수 [올쑤]
할수 [할쑤]

1 잘 듣고 따라 읽으십시오. 听录音跟读。 (084)

(1) 갈 수 있다

(2) 할 수 있다

(3) 읽을 수 있다

2 잘 듣고 따라 읽으십시오. 听录音跟读。 (085)

(1) 주말에 많이 쉴 수 있다.

(2) 숙제가 많아서 잘 수 없다.

(3) 매운 음식을 먹을 수 있다.

3 잘 듣고 쓰십시오. 听录音, 写一写。 (086)

(1)

(2)

03 오후에 서울서점에 가려고 해요.

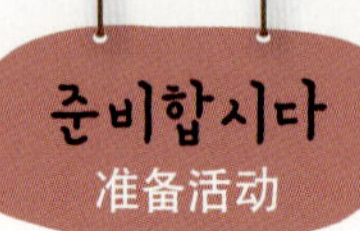

토야 씨는 어디에 가려고 합니까? 仿照例子，与朋友对话。

여러분은 지하철을 자주 탑니까? 大家经常坐地铁吗?

대화 对话 

토야 오후에 서울서점에 가려고 해요. 어떻게 가요?

토니 먼저 학교 앞에서 지하철 4호선을 타세요.

충무로에서 내려서 지하철 3호선으로 갈아타세요.

토야 그리고 어디에서 내려요?

토니 경복궁역에서 내려서 4번 출구로 나가세요.

토야 지하철역에서 서울서점까지 얼마나 걸려요?

토니 버스로 5분쯤 걸려요.

지하철 관련 표현 与地铁有关的表达

타는 곳 坐车的地方

갈아타는 곳 (환승하는 곳)

换乘的地方

표 사는 곳 (자동 발매기)

买票的地方(自动卖票机)

나가는 곳 出口

출구 出入口

이동 관련 표현 2 与移动有关的表达 2

에서 나가다/나오다

从……出去/出来

에 들어가다/들어오다

从……进去/进来

(으)로 올라가다/올라오다

从……上去/上来

(으)로 내려가다/내려오다

从……下去/下来

−(으)려고 하다

用在动词词干后面，表示行为的意图。−려고 하다用在没有收音和以ㄹ结尾的动词词干后面，−으려고 하다用于ㄹ收尾除外的其他有收音的动词词干后面。

가 + 려고 하다 → 가려고 하다   먹 + 으려고 하다 → 먹으려고 하다

가 이번 주말에 뭐 할 거예요? 这周末打算干什么?

나 친구들하고 같이 바다에 가려고 해요. 打算和朋友们一起去海边。

가 오늘 점심은 어디에서 먹을 거예요? 今天打算在哪里吃午饭?

나 가까운 식당에서 먹으려고 해요. 打算在近的餐厅吃。

1 〈보기〉와 같이 문장을 완성하십시오. 仿照例句，完成句子。

> **보기** 1시간 후에 도서관에 가다 → 1시간 후에 도서관에 가려고 해요.

(1) 내일은 집에서 쉬다   → ___________________________

(2) 점심시간에 비빔밥을 먹다   → ___________________________

(3) 추워서 창문을 닫다   → ___________________________

2 〈보기〉와 같이 대화를 완성하십시오. 仿照例子，完成对话.

> **보기**
>
> 가 오후에 뭘 할 거예요?
> 나 영화를 보려고 해요.

(1) 

가 방학에 무엇을 할 거예요?
나 ___________________________

(2) 

가 이번 주말에 뭘 할 거예요?
나 ___________________________

ㄷ 불규칙

以ㄷ结尾的动词词干在特定环境以元音开始的语尾–아/어/여서, –았/었/였–或으系列语尾–(으)면, –(으)니까, –(으)려고前, ㄷ变换为ㄹ。

> 걷 + 어서 → 걸어서   듣 + 어요 → 들어요

가 학교까지 버스를 타고 갑니까? 坐公交车去学校吗?

나 아니요, 걸어서 가요. 不，我走路去。

가 다시 들어 보세요. 请再听一遍。

나 네, 알겠습니다. 好的，知道了。

1 〈보기〉와 같이 쓰십시오. 仿照例子填空。

	–아/어/여요	–아/어/여 보다	–(으)십시오	–았/었/였어요	–ㅂ/습니다
보기 듣다	들어요	들어 보세요	들으십시오	들었어요	듣습니다
걷다					
묻다					
싣다					
닫다					
받다					

2 〈보기〉와 같이 다음 문장을 완성하십시오. 仿照例子，完成句子。

> 보기 단어를 모르면 선생님에게 <u>물어</u>(–아/어/여) 보세요. (묻다)

(1) 기분이 안 좋으면 이 음악을 _______________ (–(으)십시오) (듣다)

(2) 주말에 친구하고 같이 공원에서 _______________ (–(으)ㄹ 거예요) (걷다)

(3) 어제 친구에게서 편지를 _______________ (–았/었/였어요) (받다)

(4) 밖이 시끄러우니까 문을 _______________ (–(으)십시오) (닫다)

새단어 生词

걷다 走路
묻다 问
싣다 装载

1 다음을 듣고 질문에 답하십시오. 听录音，回答问题。 **88**

(1) 남자는 이번 주말에 무엇을 하려고 해요?

① 

② 

③ 

④ 

(2) 남자는 언제 출발하려고 해요? 쓰십시오. ___________

2 다음을 듣고 질문에 답하십시오. 听录音，回答问题。 **089**

(1) 밍밍 씨는 집에서 학교까지 얼마나 걸려요? ___________

(2) 토니 씨는 집에서 학교까지 어떻게 와요?
① 홍제(3호선)-종로3가(1호선)-동대문(4호선)-혜화
② 홍제(3호선)-을지로3가(2호선)-동대문역사문화공원(4호선)-혜화
③ 홍제(3호선)-충무로(4호선)-혜화
④ 홍제(3호선)-충무로(4호선)-동대문역사문화공원(4호선)-혜화

(3) 아침에 지하철 타기가 왜 힘들어요? ___________

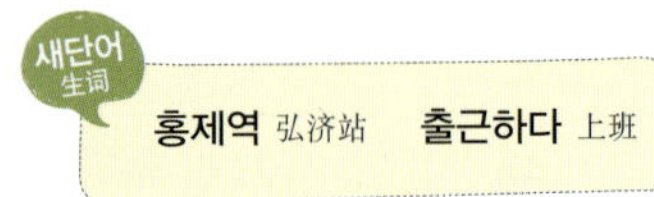

3 〈보기〉와 같이 친구와 대화하십시오. 仿照例句，与朋友对话。

유미코 왕리 씨, 오늘 오후에 뭐 할 거예요?
왕리 **친구와 영화를 보려고 해요.** 유미코 씨는요?
유미코 저는 **집에서 청소를 하려고 해요.**
왕리 주말에는 뭐 할 거예요?
유미코 **놀이 공원에 가려고 해요.** 왕리 씨는요?
왕리 **집에서 쉬려고 해요.**

	이름	언제	무엇을 하려고 해요?	
보기	왕리	오늘 오후 / 주말	친구와 영화를 보다	집에서 쉬다
	유미코		집에서 청소를 하다	놀이 공원에 가다
(1)	리타	추석 연휴 / 방학	고향에 가다	여행을 가다
	토니		부산 여행을 가다	기타 학원에 다니다
(2)	미나	이번 주말 / 다음 주말	친구 생일 파티에 가다	시험공부를 하다
	민수		쇼핑하다	등산을 하다
(3)		/		

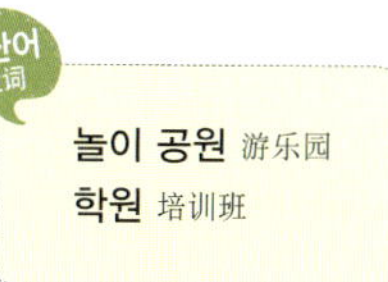

1 〈보기〉와 같이 친구와 대화하십시오. 仿照例句，与朋友对话。

> **[보기]**
> **유미코** 수빈 씨, 저는 오늘 **서울공원**에 가려고 해요. **서울공원**에 어떻게 가요?
> **이수빈** 먼저 **학교 앞**에서 **지하철 4호선**을 타세요.
> 그리고 **동대문역사문화공원역**에서 내려서 **지하철 2호선**으로 갈아타세요.
> **유미코** 어디에서 내려요?
> **이수빈** **성수역**에서 내려서 **1번 출구**로 나가세요.
> **유미코** **학교**에서 **서울공원**까지 얼마나 걸려요?
> **이수빈** 지하철로 **한 시간**쯤 걸려요.

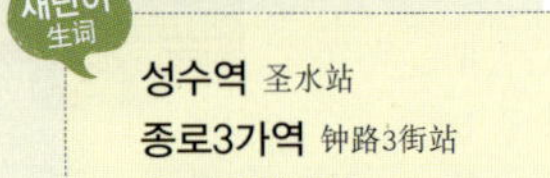

	장소	출발	–을/를 타세요	–에서 내리세요	–(으)로 갈아타세요	–에서 내리세요	얼마나 걸려요?
보기	서울공원	학교 앞	지하철 4호선	동대문역사 문화공원역	지하철 2호선	성수역 1번 출구	1시간
(1)	경복궁	학교 앞	지하철 4호선	충무로역	지하철 3호선	경복궁역 4번 출구	20분
(2)	하나백화점	집 앞	지하철 3호선	종로3가역	지하철 2호선	을지로입구역 5번 출구	50분

2 다음은 리타 씨 집에 오는 길입니다. 다음을 읽고 질문에 답하십시오.
下列内容是去丽塔家的方法，阅读内容并回答问题。

> 우리 집은 이태원에 있어요.
> 학교에서 지하철 4호선을 타고 삼각지역에서 6호선으로 갈아타세요.
> 그리고 이태원역에서 내리세요.
> 지하철 2번 출구로 나와서 마을버스를 타세요.
> 15번 버스를 타고 서울병원 앞에서 내리세요.
> 서울병원 앞에서 횡단보도를 건너세요. 횡단보도를 건너면 하얀색 큰 건물이 있어요.
> 그 건물 옆에 하얀색 아파트가 있어요. 거기가 우리 집이에요.

(1) 리타 씨는 어디에 삽니까? ___________________________

(2) 리타 씨 집은 무엇을 타고 갑니까? __________와/과 __________을/를 타고 갑니다.

(3) 리타 씨 집은 어디입니까?
   ① 하얀색 건물 옆 하얀색 아파트   ② 빨간색 건물 하얀색 건물
   ③ 서울 병원 옆 하얀색 건물   ④ 지하철역 앞 하얀색 아파트

비음화 鼻音化

声音 ㄷ 遇到以 ㄴ 开头的音节时，ㄷ 音改发[ㄴ]音。

例子 닫는다 [단는다]
재밌는 [재민는]

1 잘 듣고 따라 읽으십시오. 听录音跟读。 090

(1) 찾는

(2) 싣는

(3) 믿는

2 잘 듣고 따라 읽으십시오. 听录音跟读。 091

(1) 어제 재밌는 영화를 봤다.

(2) 부모는 항상 아이들을 믿는다.

(3) 하얀 집을 짓는다.

3 잘 듣고 쓰십시오. 听录音，写一写。 092

(1)

(2)

04 버스나 지하철로 갈 수 있어요.

준비합시다
准备活动

유미코 씨는 어디에 가고 싶어 합니까?　由美子想去哪里?

여러분은 지하철 환승하기가 어떻습니까?　大家觉得地铁换乘怎么样?

대화　对话　

유미코	선생님, 여기에서 한국대학교에 어떻게 가요?
김수정	버스나 지하철로 갈 수 있어요. 지하철이 빠른데 좀 복잡해요.
유미코	그럼 버스로 어떻게 가요?
김수정	우선 101번 버스를 타고 시청에서 내리세요. 시청에서 201번이나 304번 버스로 갈아타세요.
유미코	얼마나 걸려요?
김수정	아마 30분쯤 걸릴 거예요.

새단어
生词

환승하다 换乘
복잡하다 复杂
우선 首先
아마 也许

어휘 词汇

교통 카드 관련 표현 与交通卡相关的表达

① 교통 카드 交通卡
② 카드 단말기 刷卡机

환승입니다. 换乘。

요금이 부족합니다. 余额不足。

카드를 다시 대 주세요. 请重新刷卡。

요금이 이미 처리되었습니다. 已刷卡。

교통 관련 표현 与交通相关的表达

길이 막히다
堵车

교통이 복잡하다
交通拥挤

지하철이 고장 나다
地铁出故障

교통사고가 나다
出交通事故

(이)나 (선택)

(이)나用于两个名词之间，表示罗列两个以上的对象或两个中选择一个时使用。以辅音结尾的名词后面加이나，以元音结尾的名词后面加나。

사과 + **나** 배 → 사과나 배　　　　책 + **이나** 공책 → 책이나 공책

가　무슨 운동을 자주 해요? 你经常做什么运动?
나　축구나 농구를 자주 해요. 经常踢足球或打篮球。

가　점심에 뭘 먹을 거예요? 你中午要吃什么?
나　된장찌개나 김치찌개를 먹을 거예요. 我要吃大酱汤或泡菜汤。

1　〈보기〉와 같이 문장을 완성하십시오. 仿照例句, 完成句子。

보기　가　고향에 무엇을 타고 갈 거예요?
　　　나　비행기나 배를 타고 갈 거예요. (비행기 / 배)

(1)　가 어디에 가고 싶어요?　　나 _______________에 가고 싶어요. (설악산 / 제주도)

(2)　가 무엇을 배우고 싶어요?　　나 _______________을/를 배우고 싶어요. (영어 / 중국어)

(3)　가 무슨 과일을 먹고 싶어요? 나 _______________을/를 먹고 싶어요. (수박 / 사과)

2　〈보기〉와 같이 대화를 완성하십시오. 仿照例句, 完成对话。

새단어
生词

설악산 雪岳山

보기  

가　집에 무엇을 타고 가요?
나　지하철이나 버스를 타고 가요.

(1) 

가　점심에 무엇을 먹을 거예요?
나　_______________________________

(2)  

가　주말에 보통 무엇을 해요?
나　_______________________________

-(으)ㄴ/는데 (대립)

词尾，用于动词或形容词，이다，아니다的后面，表示与前面事实相反的结果或状况在后面延续，或与其形成对照。-ㄴ데用于没有收音或以ㄹ收音结尾的形容词词干后面。-(으)ㄴ데用于有收音的形容词词干后面。 -는데用于所有动词后面。

> 먹 + 는데 → 먹는데   크 + ㄴ데 → 큰데
> 작 + 은데 → 작은데

가　동생도 키가 커요? 弟弟个子也高吗?

나　아니요, 저는 키가 큰데 동생은 작아요. 不, 我个子高但是弟弟个子矮。

가　밍밍 씨, 시험을 잘 봤어요? 明明, 考试考得好吗?

나　아니요, 열심히 시험공부했는데 시험을 잘 못 봤어요. 不, 虽然努力学习了但是没考好。

1　〈보기〉와 같이 문장을 완성하십시오. 仿照例句, 完成句子。

> 보기　한국에서 중국은 가까워요 / 한국에서 미국은 멀어요
> → 한국에서 중국은 가까운데 미국은 멀어요.

(1)　제 방은 좁아요 / 언니 방은 넓어요　　　　　→ ______________________

(2)　형은 공부해요 / 동생은 컴퓨터게임을 해요　→ ______________________

2　〈보기〉와 같이 문장을 완성하십시오. 仿照例句, 完成句子。

가　고향 날씨가 어때요?
나　**여름은 더운데 겨울은 추워요.**
　　(여름은 덥다 / 겨울은 춥다)

(1)  

가　시장과 백화점 중에서 어디가 더 싸요?
나　______________________
　　(백화점은 비싸다 / 시장은 싸다)

(2)  

가　왜 도서관이 공부하기 좋아요?
나　______________________
　　(교실은 시끄럽다 / 도서관은 조용하다)

1 리타 씨와 토니 씨가 이번 주말에 만나려고 합니다. 〈보기〉와 같이 친구와 대화하십시오.

丽塔和托尼打算这个周末见面。请仿造例句和朋友对话。

	–(으)ㄹ까요?	(이)나	–(으)ㄴ/는데
보기	언제 만날까요?	토요일	시간이 있다
		일요일	바쁘다
(1)	어디에서 만날까요?	명동	교통이 불편하다
		대학로	교통이 편하다
(2)	저녁에 뭘 먹을까요?	불고기	맛있다
		찜닭	맛없다
(3)	식사 후에 뭘 할까요?	연극	재미있다
		영화	재미없다

2 위의 표를 보고 글을 완성하십시오. 请参阅上表，完成下列文章。

토니 씨와 리타 씨는 이번 주말에 만날 거예요. 리타 씨가 토요일은 시간이 있는데
일요일은 바빠요. 그래서 토니 씨와 리타 씨는 이번 토요일에 만날 거예요.

2 친구와 같이 주말여행을 가고 싶습니다. 〈보기〉와 같이 친구와 대화하십시오.

想和朋友去周末旅行。仿照例子，与朋友对话。

가   리타 씨, 같이 여행을 갈까요? 언제 시간이 있어요?

나   저는 방학 후에 **7월이나 8월에** 시간이 있어요.

가   그래요? **7월에** 갑시다.

나   어디에 갈까요? 저는 **부산이나 제주도가** 좋아요. 토니 씨는 어때요?

가   **부산이나 제주도는** 너무 먼데 가까운 **동해가** 어때요?

나   좋아요. **동해에** 갑시다.

가   뭘 타고 갈까요? **고속버스가** 어때요?

나   **고속버스가 빠른데 좀 비싸요. 기차를 탑시다.**

가   네, 좋아요.

질문	대답
언제 시간이 있어요?	1월, 2월, 3월, 4월, 5월, 6월, 7월, 8월, 9월, 10월, 11월, 12월
어디에 갈까요?	부산, 제주도 산 – 남산 / 북한산 / 설악산 바다 – 서해 / 남해 / 동해 놀이공원 / 온천 / 박물관
뭘 타고 갈까요?	버스, 고속버스, 기차, KTX, 비행기

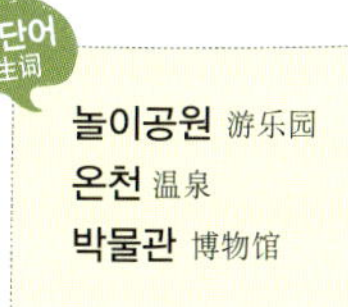

1 다음을 듣고 질문에 답하십시오. 听录音，回答问题。 **094**

(1) 이번 역과 다음 역은 어디입니까?　　　　　　　　　　　　　와/과

(2) 이번 역에서 몇 호선으로 갈아 탈 수 있습니까?

　　　　　　　　　으로 갈아탈 수 있습니다.

2 다음을 듣고 질문에 답하십시오. 听录音，回答问题。 **095**

(1) 여자는 이번 연휴에 어디에 갑니까?

① ② ③ ④

(2) 여자는 무엇을 타고 갈 거예요?

(3) 요즘 부산 날씨는 어때요?

3 다음을 읽고 질문에 답하십시오. 阅读下面短文，回答问题。

저는 어제 친구를 만나러 명동에 갔습니다. 보통 버스나 지하철을 타고 갑니다. 집 앞에서 204번이나 109번 버스를 타면 명동까지 갈 수 있습니다. 지하철은 한 번 갈아타지만 버스보다 더 빨리 갑니다. 그런데 어제는 시간이 없어서 집 앞에서 택시를 탔습니다. 택시는 편한데 조금 비쌉니다. 명동에서 친구를 만나서 영화를 보고 쇼핑도 했습니다. 많이 걸어서 힘들었지만 즐거웠습니다.

(1) 나는 왜 명동에 갔습니까?

(2) 나는 어제 명동에 어떻게 갔습니까?

(3) 맞으면 ○, 틀리면 × 하십시오.

① 어제는 아파서 택시를 탔습니다. 　　　　　　　(　　)

② 집 앞에서 명동까지 지하철이나 버스로 갈 수 있습니다. (　　)

③ 택시는 편하지만 조금 비쌉니다. 　　　　　　　(　　)

새단어 生词

연휴 连续假期

비음화 鼻音化

发 ㄷ 音的收音遇到以 ㅁ 开头的音节时，ㄷ 音发[ㄴ]音。

例子 ▶ 맛만 　[만만]
　　　　손짓만 　[손찐만]

1 잘 듣고 따라 읽으십시오. 听录音跟读。 **096**

(1)　몇 만

(2)　꽃만

(3)　눈짓만

2 잘 듣고 따라 읽으십시오. 听录音跟读。 **097**

(1)　말은 안하고 고갯짓만 해요.

(2)　김치는 맛만 보세요.

(3)　손짓만으로 이해할 수 있어요.

3 잘 듣고 쓰십시오. 听录音，写一写。 **098**

(1)

(2)

1 다음에서 보기에 있는 것을 찾아 동그라미하고 읽으십시오. 请圈选下列例子中的单词，并读读看。

(1)  (2)  (3)  (4)  (5) 

(6)  (7)  (8)  (9)  (10) 

차	가	살	이	자	가	치	걱	먹	오	고	건
기	실	례	합	동	다	오	기	치	고	속	버
속	버	합	비	차	가	토	비	기	행	버	시
스	지	니	스	기	처	바	지	버	지	스	비
토	하	까	하	택	기	차⑤	처	스	하	시	행
바	철	택	철	서	하	철	오	투	스	실	례
비	기	사	전	거	속	버	토	고	배	택	기
행	자	전	택	시	레	합	바	속	철	거	자
자	전	거	행	바	이	전	이	비	행	기	전

2 아래에서 알맞은 것을 골라 〈보기〉와 같이 쓰십시오. 请选择下列适当的表现，参照例子书写。

타다	도착하다	출발하다	갈아타다	내리다

보기 (1) (2) (3) (4)

타다 ___________ ___________ ___________ ___________

3 〈보기〉와 같이 알맞은 뜻을 연결하십시오. 仿照例子将意思相同的连接起来。

① 길을 건너는 곳

(1) ② 고속버스를 타는 곳

(2) ③ 기차를 타는 곳

(3) ④ 택시를 타는 곳

(4) ⑤ 비행기를 타는 곳

4 아래에서 알맞은 것을 골라 대화를 완성하십시오. 请选择下列适当的表现，完成对话。

| 걷다 | 듣다 | 닫다 | 받다 | 묻다 |

(1) 

가 유미코 씨는 몇 살이에요?

나 여자한테 나이를 ________________(-지 마세요)

(2) 

가 주말에 보통 뭐 해요?

나 집 근처 공원을 ________________(-아/어/여요)

(3)

가 토니 씨, 무슨 음악을 들으세요?
나 한국 가요를 _______________(-아/어/여요)

(4)

가 이게 뭐예요?
나 선물이에요. _______________(-(으)세요)

(5)

가 문 밖이 시끄러워서 전화를 받을 수 없어요.
나 _______________________________(-(으)세요)

5 다음 그림에 알맞은 단어를 연결하고 문장을 완성하십시오. 请连接适合于下列图片的单词，并完成句子。

보기

① 파랗다 : 하늘이 __________

(1)

② 하얗다 : __________ 구름이 있어요.

(2)

③ 까맣다 : 이 남자의 머리 색깔은 <u>까매요</u>.

(3)

④ 노랗다 : 저는 __________ 장미를 좋아해요.

(4)

⑤ 빨갛다 : __________ 사과가 맛있어요.

6 다음을 듣고 질문에 답하십시오. 听录音，回答问题。 099

(1) 리타 씨의 옷 색깔을 고르세요.

①    ② 

③    ④ 

(2) 리타 씨는 집에서 공항까지 어떻게 갈 거예요?

①    ② 

③    ④ 

(3) 맞으면 ○, 틀리면 × 하십시오.

① 리타 씨는 파란색 운동화를 신을 거예요.　　　　　　（　　　）
② 리타 씨는 내일 부산에 가요.　　　　　　　　　　　（　　　）
③ 리타 씨는 돈이 없어서 택시를 못 타요.　　　　　　（　　　）

한국의 대중교통수단 _{韩国的大众交通工具}

大家来学校时一般使用哪种交通工具？怎样支付交通费用？最近韩国人乘坐公交车或地铁时，和现金相比一般更多的使用交通卡。交通卡是一种支付大众交通费用或收费路段通行费时使用的电子货币。最近有的交通卡在计算使用量后给予优惠，也具有在一般商店像现金一样使用的功能。

大家知道首尔公交车颜色的意义吗？红色代表的是连接首尔和首都圈城市的广域公交车，蓝色干线公交车代表的是在地区间运行中长距离的公交车，绿色代表的是连接地铁线的区域直线公交车，黄色代表的主要是在市中心循环的循环公交车。

❶ 여러분은 어떤 대중교통 수단을 이용합니까?

你们一般使用哪种交通工具？

❷ 한국과 여러분 나라의 대중교통은 어떻게 다릅니까?

韩国和你们国家的交通工具怎么不一样？

방학

01 이번 시험이 어려울까요?

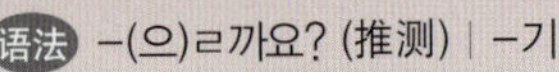 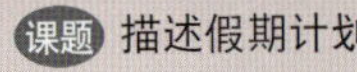

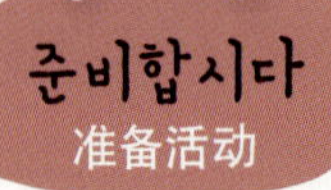

준비합시다
准备活动

이번 시험이 어려울까요?　这次考试会难吗?

여러분은 방학하면 무엇을 하고 싶어요?　大家放假后想干什么?

대화 对话 (100)

토니　유미코 씨, 기말시험 공부 많이 했어요?

유미코　아니요, 오늘부터 준비하려고 해요.

토니　그런데 이번 시험이 어려울까요?

유미코　토니 씨는 열심히 공부했으니까 시험을 잘 볼 거예요.

토니　시험이 끝나면 반 친구들 모두 같이 밥을 먹을까요?

유미코　네, 좋은 생각이군요. 고향에 가기 전에 같이 만나요.

새단어
生词

기말시험 期末考试

준비하다 准备

생각 想法

학기 일정 学期日程

〈20△△년 봄 학기 일정〉

3월 2일 등록 报到
3월 4일 개강: 입학식 入学典礼

4월 5일 중간시험 期中考试
4월 12일 문화 체험 文化体验

5월 9일 기말시험 期末考试
5월 10일 종강: 종강식 结课典礼

학기 관련 용어 与学期有关的表达

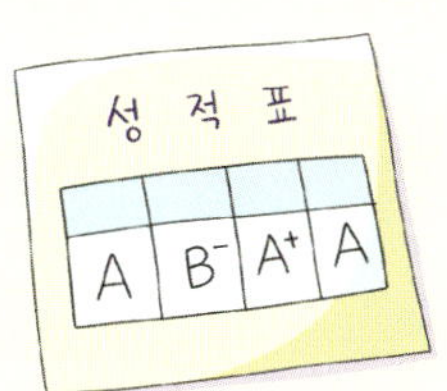

성적표 成绩表

장학금 奖学金

상(賞) 奖

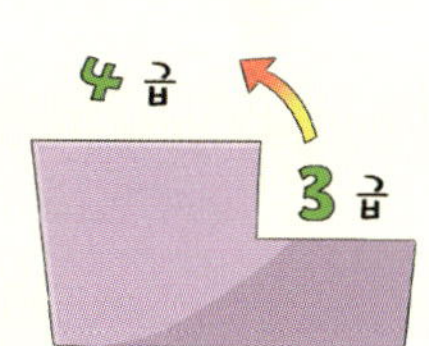

진급 升级

–(으)ㄹ까요? (추측)

用于动词和形容词词干后面，表示对未确定的事实的询问或推测。–ㄹ까요?用在没有收音的动词和形容词词干后面，–을까요?用在有收音以及以ㄹ收音结尾的动词或形容词词干后面。

가 + ㄹ까요? → 갈까요?   좋 + 을까요? → 좋을까요?

가　토니 씨가 올까요? 托尼来吗?

나　네, 1시까지 올 거예요. 是的，1点前会来的。

가　이 옷을 입으면 예쁠까요? 穿这衣服会好看吗?

나　네, 예쁠 거예요. 입어 보세요. 是的，会好看的。试穿一下吧。

1　〈보기〉와 같이 문장을 완성하십시오. 仿照例子，完成句子。

> 보기　왕리 씨가 교실에 있습니다　→　왕리 씨가 교실에 있을까요?

(1) 12월에 날씨가 춥습니다　→　___________________________

(2) 이 영화가 재미있습니다　→　___________________________

(3) 저 사람은 한국 사람입니다　→　___________________________

2　〈보기〉와 같이 대화를 완성하십시오. 仿照例子，完成对话。

> 보기
> 가　내일 비가 올까요?
> 나　네, 비가 올 거예요.

(1)

가　내일 백화점에 사람이 ___________________________
나　네, 토요일이어서 사람이 많을 거예요.

(2)

가　여자 친구에게 꽃을 주면 ___________________________
나　네, 좋아할 거예요.

–기 전에

用在动词后面，表示前一个事实发生之前后一个事实已经发生。

가 + 기 전에 → 가기 전에　　　　　읽 + 기 전에 → 읽기 전에

한국에 오기 전에 무엇을 했어요? 来韩国之前干什么了?
시험을 보기 전에 공부를 해요. 考试之前学习。

1　〈보기〉와 같이 문장을 완성하십시오. 仿照例子，完成句子。

> **보기**　밥을 먹습니다 / 학교에 갑니다 → 학교에 가기 전에 밥을 먹습니다.

(1)　숙제를 합니다 / 컴퓨터를 합니다　　　→ _______________________

(2)　이를 닦습니다 / 잠을 잡니다　　　→ _______________________

(3)　신문을 봅니다 / 학교에 옵니다　　　→ _______________________

2　〈보기〉와 같이 대화를 완성하십시오. 仿照例子，完成对话。

> **보기**
>
> 가　밥을 먹읍시다.
> 나　밥을 먹기 전에 손을 씻어요. (손을 씻다 / 밥을 먹다)

(1)

가　영화 보러 갈까요?
나　_______________________ (은행에 가다 / 영화 보다)

(2)

가　아침에 학교에 오면 뭘 해요?
나　_______________________ (커피를 마시다 / 공부하다)

1 〈보기〉와 같이 친구와 대화하십시오. 仿照例子，与朋友对话。

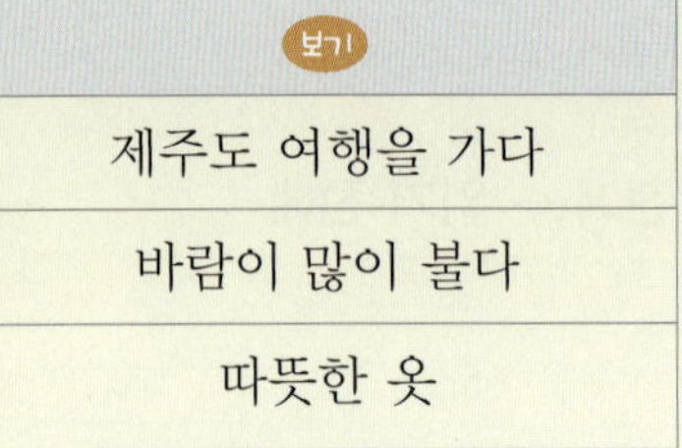

보기	
제주도 여행을 가다	가 휴일에 **제주도 여행을 가는데** 무엇을 준비하면 좋을까요?
바람이 많이 불다	나 **바람이 많이 부니까 따뜻한 옷을** 준비하세요.
따뜻한 옷	

(1)	(2)	(3)
영화를 보다	북한산을 등산하다	바다를 보러 가다
목마르다	비가 오다	날씨가 덥다
음료수	우산	수영복

2 〈보기〉와 같이 친구와 대화하십시오. 仿照例子，与朋友对话。

리타 방학에 무엇을 하고 싶어요?
왕리 저는 고향에 돌아가려고 해요.
리타 고향에 돌아가기 전에 무엇을 할 거예요?
왕리 남대문 시장에 가서 인삼을 살 거예요.
리타 인삼이 비쌀까요?
왕리 네, 비쌀 거예요.

보기	(1)	(2)	(3)
왕리	민수	토니	유미코
고향에 돌아가다	여행을 가다	태권도를 배우다	요리를 배우다
남대문시장에 가다 / 인삼을 사다	서울역에 가다 / 기차표를 예매하다	동대문시장에 가다 / 태권도복을 사다	백화점에 가다 / 그릇을 사다
인삼이 비싸다	사람이 많다	태권도복이 있다	그릇이 예쁘다

돌아가다 回去   **예매하다** 预购   **태권도복** 跆拳道服

3 방학에 여행을 가려고 합니다. 여행지에 대해 〈보기〉와 같이 쓰십시오.

放假准备去旅游。仿照例子，写一写。

제주도
(비행기 1시간 / 따뜻하다 / 등산하기)

가　이번 방학에 제주도에 여행을 갈까요?
나　네, 좋아요.
가　비행기로 얼마나 걸릴까요?
나　1시간쯤 걸릴 거예요.
가　제주도 날씨가 좋을까요?
나　네, 날씨가 따뜻할 거예요.
가　등산하기가 재미있을까요?
나　네, 정말 재미있을 거예요.
가　그럼 제가 비행기 표를 예매할까요?
나　네, 예매하세요.

(1)

춘천
(기차 1시간 / 눈이 오다 / 스키 타기)

가　이번 방학에 춘천에 여행을 갈까요?
나　_______________________
가　기차로 얼마나 걸릴까요?
나　_______________________
가　춘천에 눈이 많이 올까요?
나　_______________________
가　스키 타기가 재미있을까요?
나　_______________________
가　그럼 제가 스키를 빌릴까요?
나　_______________________

(2)

부산
(고속버스 4시간 / 날씨가 좋다 /
수영하기)

가　이번 방학에 부산에 여행을 갈까요?
나　_______________________
가　고속버스로 얼마나 걸릴까요?
나　_______________________
가　부산 날씨가 좋을까요?
나　_______________________
가　수영하기가 재미있을까요?
나　_______________________
가　그럼 제가 기차표를 예매할까요?
나　_______________________

1 다음을 듣고 맞으면 ○, 틀리면 ✕ 하십시오. 听录音正确的写○，错误的写✕。 (101)

방학	집에서 쉬다	여행을 가다	운동하다	공부하다
리타				
왕리				

2 다음을 듣고 맞으면 ○, 틀리면 ✕ 하십시오. 听录音正确的划○，错误的划✕。 (102)

(1) 유미코 씨는 방학에 고향에 가요. （　　）

(2) 유미코 씨는 부모님과 한국 음식을 먹을 거예요. （　　）

(3) 민수 씨는 한국 전통 공연을 볼 거예요. （　　）

(4) 민수 씨는 인터넷으로 표를 살 거예요. （　　）

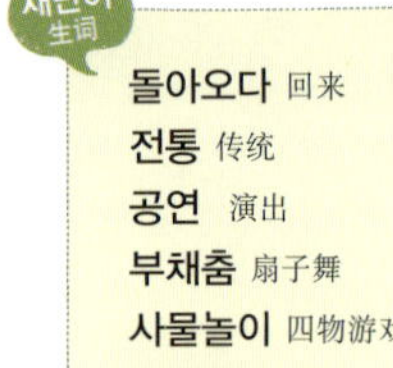
새단어 生词

돌아오다 回来
전통 传统
공연 演出
부채춤 扇子舞
사물놀이 四物游戏
공연장 剧场

3 여러분은 방학에 무엇을 하고 싶습니까? 〈보기〉와 같이 친구와 대화하십시오.
大家放假后想干什么? 仿照例子，与朋友进行对话。

보기
가　방학에 뭘 할 거예요?
나　저는 사물놀이를 배우려고 해요.
　　사물놀이를 배우면 재미있을까요?
가　네, 재미있을 거예요.
나　같이 배울까요?

ㄱ, ㄲ, ㅋ

爆破音[ㄱ，ㄲ，ㅋ]的发音位置相同。气流在口腔内受到短暂阻碍后一次性爆破出来并发音。

例子
가 [가]
까 [까]
카 [카]

1 잘 듣고 따라 읽으십시오. 听录音跟读。 **103**

(1) 개 / 깨

(2) 꺼요 / 커요

(3) 고리 / 꼬리

2 잘 듣고 따라 읽으십시오. 听录音跟读。 **104**

(1) 가방을 안 가지고 가요?

(2) 불을 끄니까 너무 깜깜해요.

(3) 키가 정말 크네요.

3 잘 듣고 맞는 소리에 동그라미 하십시오. 听录音，并圈选正确的发音。 **105**

(1) 그림 / 크림

(2) 깜깜해요 / 캄캄해요

(3) 깨요 / 캐요

한 학기 동안 도와주셔서 감사합니다.

词汇 感谢的表达　　语法 -(으)시겠어요? | 동안　　课题 表达谢意

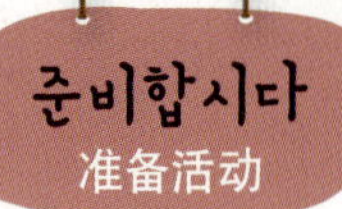

왕리 씨는 왜 선생님께 왔어요?　王力为什么来找老师?

여러분은 고향에 가기 전에 누구를 만나고 싶어요?　大家回家乡之前想和谁见面?

대화 对话

김수정　어서 오세요, 왕리 씨. 여기 앉으시겠어요?

왕리　고맙습니다, 선생님.

김수정　방학인데 학교에 어떻게 왔어요?

왕리　고향에 가기 전에 선생님께 인사를 드리고 싶어서 왔어요.

김수정　그래요? 고향에 가는군요. 잘 다녀오세요.

왕리　네, 선생님 한 학기 동안 가르쳐 주셔서 감사합니다.

인사를 드리다 问候
동안 期间
다녀오다 去了回来

감사 표현 感谢的表达

새단어
生词

별말씀 哪里哪里

–(으)시겠어요?

用在动词后，询问对方的意向或郑重请求时使用。

가 + 시겠어요? → 가시겠어요?   읽 + 으시겠어요? → 읽으시겠어요?

어느 분이 먼저 보시겠어요? 哪位先看?

이것 좀 도와주시겠어요? 可以帮我一下吗?

1 〈보기〉와 같이 문장을 완성하십시오. 仿照例子，完成句子。

> 보기 경복궁에 갑니다. → **경복궁에 가시겠어요?**

(1) 여기에 앉습니다.   → _______________________________

(2) 이 옷을 삽니다.   → _______________________________

(3) 이 노래를 듣습니다.   → _______________________________

2 〈보기〉와 같이 대화를 완성하십시오. 仿照例子，完成对话。

보기

가 비빔밥을 드시겠어요?
나 좋아요. 비빔밥을 먹겠어요.

(1)

가 _______________________________
나 미안해요. 내일은 바빠요.

(2)

가 _______________________________
나 그래요. 무슨 영화를 볼까요?

동안

用于名词后面，表示某个特定的时间段。

> 연휴 + **동안** → 연휴 동안 　　　　　 방학 + **동안** → 방학 동안

가　몇 달 동안 한국어를 공부했어요? 学习韩国语几个月了?
나　세 달 동안 공부했어요. 学了3个月了。

가　그 친구를 오래 기다렸어요? 等那个朋友等了很久吗?
나　두 시간 동안 기다렸어요. 等了2个小时。

1 〈보기〉와 같이 문장을 완성하십시오. 仿照例子，完成句子。

> **보기**　4시간 / 공부하다 → 4시간 동안 공부했어요.

(1)　겨울 방학 / 고향에서 지내다　　→ _______________________

(2)　쉬는 시간 / 화장실에 다녀오다　→ _______________________

(3)　주말 / 여행을 하다　　　　　　　→ _______________________

2 〈보기〉와 같이 대화를 완성하십시오. 仿照例子，完成对话。

가　얼마 동안 그 집에 살았어요?
나　두 달 동안 살았어요.

(1)

가　몇 분 동안 쉬어요?
나　_______________________

(2)

가　집에 가면 몇 시간 동안 공부할 거예요?
나　_______________________

1   **다음을 듣고 질문에 답하십시오.** 听录音，回答问题。 **(107)**

(1)   남자는 며칠 동안 고향에 있을 거예요?

____

(2)   남자는 고향에 가서 무엇을 할 거예요?

____

____

2   **다음을 듣고 질문에 답하십시오.** 听录音，回答问题。 **(108)**

(1)   대화를 듣고 맞는 그림을 고르십시오.

①    ②

③    ④

(2)   맞으면 ○, 틀리면 × 하십시오.

① 왕리 씨가 친구를 초대했어요.   (   )

② 토니 씨는 오늘 안 올 거예요.   (   )

③ 유미코 씨는 음식을 준비해요.   (   )

3   **다음을 듣고 맞는 곳에 ✓ 하십시오.** 听录音，正确的划✓。 **(109)**

비행기표 예약			
나라	□ 프랑스	□ 독일	□ 호주
요일	□ 금요일	□ 토요일	□ 일요일
시간대	□ 오전	□ 오후	□ 밤
출발 시간	□ 6시	□ 7시	□ 8시
사람	□ 한 명	□ 두 명	□ 세 명

4 〈보기〉와 같이 친구와 대화하십시오. 仿照例句，与朋友对话。

	보기	(1)	(2)	(3)	(4)
누가 누구에게	리타 → 선생님	왕리 → 철수	토니 → 밍밍	유미코 → 미나	토야 → 수빈
감사 인사	한 학기 동안 잘 가르치다	집에 초대하다	책을 빌려 주다	맛있는 음식을 만들어 주다	한국어 공부를 도와주다
방학 동안	집에서 복습하다	고향에 가다	수영장에 다니다	한국어를 공부하다	당구를 배우다

1 **선생님에게 쓴 학생의 편지입니다. 다음 편지를 읽고 질문에 답하십시오.**
这是学生写给老师的信，阅读信的内容回答问题。

> 선생님께
>
> 　선생님 그동안 잘 지내셨어요? 저는 고향에서 잘 지냅니다. 한국에서 공부하는 세 달 동안 친구들을 못 만났는데 지금 만나서 정말 기뻐요. 친구들과 한국 이야기를 자주 해요.
>
> 　제가 처음에는 한국말도 모르고 친구도 없어서 너무 힘들었어요. 그런데 선생님께서 많이 도와주셔서 힘들지 않았어요. 선생님께 감사 인사를 드리고 싶어요. 다음 학기에도 선생님과 공부하고 싶어요.
>
> 　다음 주면 저는 한국에 돌아가요. 한국에 가면 전화 드리겠어요. 안녕히 계세요.
>
> 　　　　　　　　　　　　　　　　　　　　20＿＿＿년＿＿월＿＿일
>
> 　　　　　　　　　　　　　　　　　　　　　　　　왕리 올림

(1)　누가 누구에게 편지를 썼습니까?　＿＿＿＿＿＿＿＿＿＿＿＿＿＿＿＿

(2)　이 편지를 왜 썼습니까?　＿＿＿＿＿＿＿＿＿＿＿＿＿＿＿＿

(3)　왕리 씨에 대한 설명으로 <u>틀린</u> 것을 고르십시오.
　　① 방학 동안 한국에서 공부해요.
　　② 세 달 동안 고향 친구를 못 만났어요.
　　③ 친구들과 한국 이야기를 자주 해요.
　　④ 다음 주에 한국에 돌아갈 거예요.

그동안 这段时间
기쁘다 高兴
올림 谨上

2 **여러분은 누구에게 감사 편지를 쓰고 싶습니까? 편지를 써 보십시오.** 想给谁写感谢信? 试着写一封信。

─, ㅣ

发元으时，嘴稍微张开，嘴唇和舌头不动。发元音이时，舌头稍微往前伸。

例子 그만 [그만]
기만 [기만]

1 잘 듣고 따라 읽으십시오. 听录音跟读。 🎧 **110**

(1) 즐기다 / 질기다

(2) 다른 / 다린

(3) 끄고 / 끼고

2 잘 듣고 따라 읽으십시오. 听录音跟读。 🎧 **111**

(1) 요즘 많이 힘들어 보여요.

(2) 언제 시간이 괜찮으세요?

(3) 이쪽으로 앉으시겠어요?

3 잘 듣고 쓰십시오. 听录音，写一写。 🎧 **112**

(1)

(2)

03 제주도에 가 봤어요?

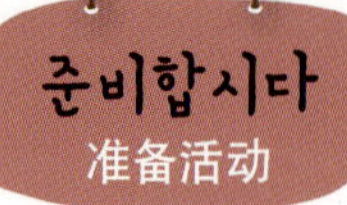

준비합시다
准备活动

두 사람이 무슨 이야기를 합니까?　两个人说什么话呢?

여러분은 여행을 좋아해요?　大家喜欢旅行吗?

대화 对话 (113)

민수　리타 씨, 제주도에 가 봤어요?

리타　아니요, 아직 못 가 봤어요.

민수　한번 가 보세요. 정말 아름다운 곳이에요.

리타　민수 씨는 언제 가 봤어요?

민수　저는 작년 여름하고 겨울에 친구들이랑 같이 갔어요.
　　　맛있는 음식도 먹고 바다에서 수영도 했어요.

리타　저도 이번 방학에 가 보고 싶어요.

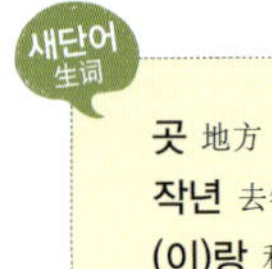

새단어
生词

곳 地方
작년 去年
(이)랑 和

한국의 여행지 韩国的旅游景点

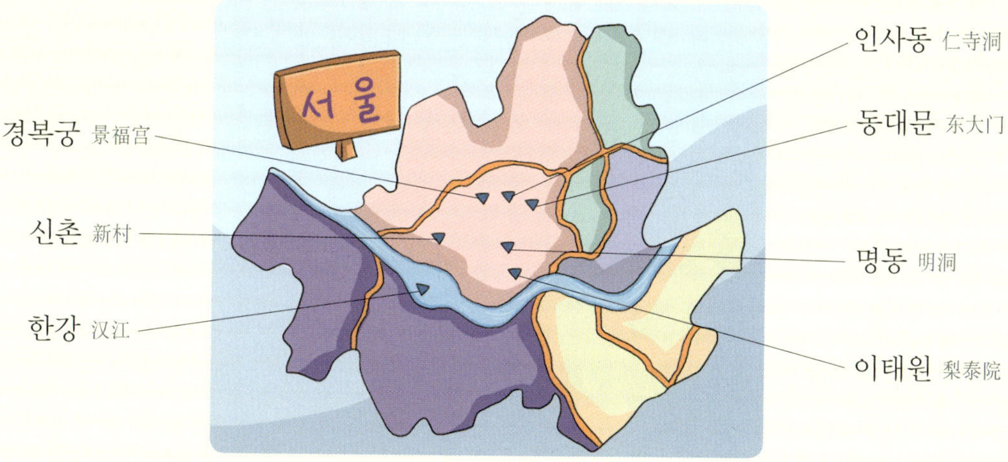

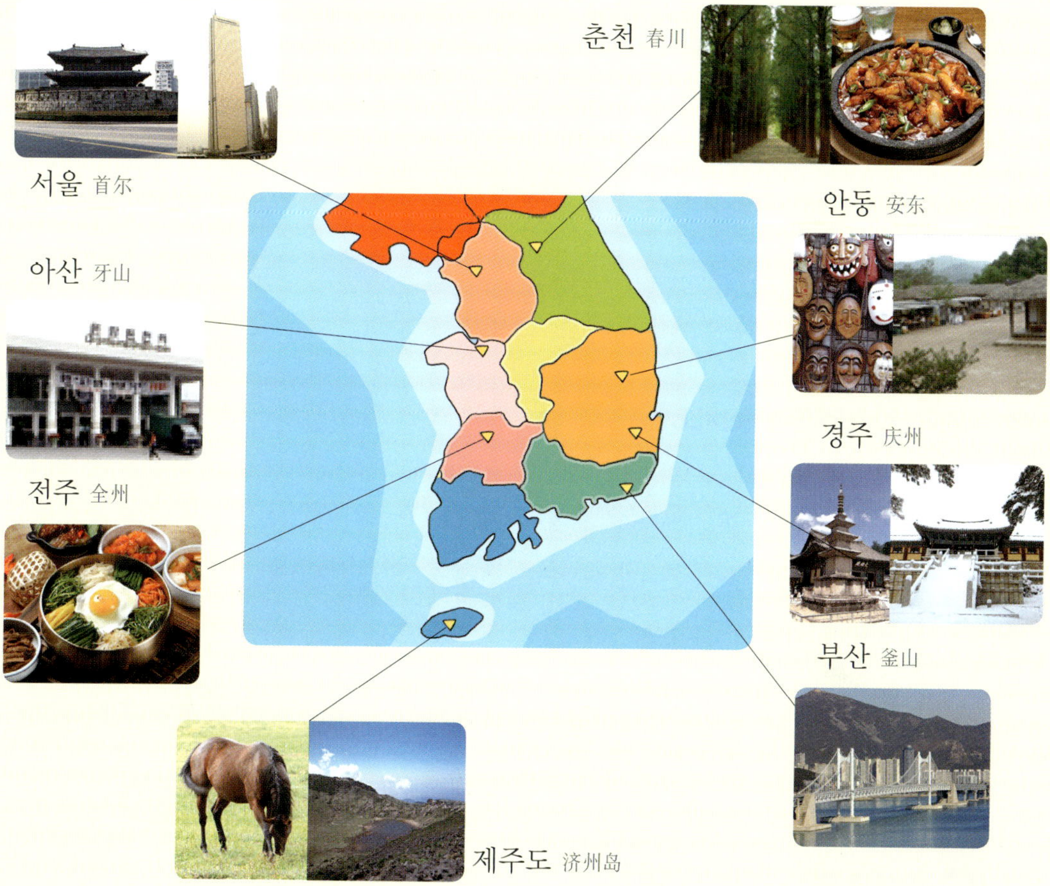

서울

인사동 仁寺洞
동대문 东大门
경복궁 景福宫
신촌 新村
명동 明洞
한강 汉江
이태원 梨泰院

춘천 春川

서울 首尔

안동 安东

아산 牙山

경주 庆州

전주 全州

부산 釜山

제주도 济州岛

–아/어/여 보다 (경험)

用于动词词干后，表示经历过某种行为。–아 보다用于末尾音节是ㅏ，ㅗ的动词词干后面，–어 보다用于末尾音节是ㅏ，ㅗ以外的动词词干的后面。하다和–여 보다连用。

> 가 + **아 보다** → 가 보다　　　　먹 + **어 보다** → 먹어 보다
>
> 하 + **여 보다** → 해 보다

가　경주에 가 봤어요? 去过庆州吗?

나　네, 작년에 가 봤어요. 是的, 去年去过。

가　한복을 입어 봤어요? 穿过韩服吗?

나　아니요, 못 입어 봤어요. 没有, 没穿过。

1　〈보기〉와 같이 문장을 완성하십시오. 仿照例子, 完成句子。

> 보기　비빔밥을 먹다 → <u>비빔밥을 먹어 봤어요?</u>

(1) 한국 신문을 읽다　　→ ________________________________

(2) 노래방에서 노래하다　→ ________________________________

(3) 그 이야기를 듣다　　→ ________________________________

2　〈보기〉와 같이 대화를 완성하십시오. 仿照例句, 完成对话。

> 보기 
>
> 가　<u>남대문시장에 가 봤어요?</u> (남대문시장)
>
> 나　네, 가 봤어요. / 아니요, 못 가 봤어요.

(1)　가　________________________________ (인삼차)

　　　나　________________________________

(2)　가　________________________________ (KTX)

　　　나　________________________________

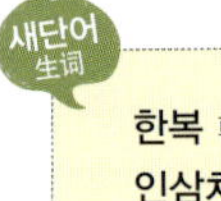

새단어
生词

한복 韩服

인삼차 人参茶

KTX 高铁

(이)랑

用在名词后面，表示一起做某种行动的对象。没有收音的名词后面加랑，有收音的名词后面加이랑。

친구 + **랑** → **친구랑**   형 + **이랑** → **형이랑**

언니랑 같이 옷을 사러 시장에 갔습니다. 和姐姐一起去市场买衣服了。
나는 친구들이랑 영화를 보려고 합니다. 我准备和朋友们去看电影。

1 〈보기〉와 같이 문장을 완성하십시오. 仿照例子，完成句子。

> **보기** 포도, 수박 / 좋아해요 → <u>포도랑 수박을 좋아해요.</u>

(1) 삼촌 / 신발을 사러 가요   → _______________________

(2) 왕리 씨, 리타 씨 / 만났어요   → _______________________

(3) 비빔밥, 불고기 / 만들어요   → _______________________

2 〈보기〉와 같이 대화를 완성하십시오. 仿照例子，完成对话。

보기

가 누구와 같이 공원에 갔어요?
나 <u>토니 씨랑 같이 갔어요.</u>

(1)

가 점심에 뭐 먹었어요?
나 _______________________

(2)

가 시장에 가면 무엇을 사고 싶어요?
나 _______________________

1 한국의 유명한 여행지에 대한 대화입니다. 다음을 듣고 질문에 답하십시오.

下面是有关韩国旅游胜地的对话。听录音，回答问题。 **114**

(1) 남자는 어디에 갔습니까?

① 　② 

(2) 거기에서 무엇을 했습니까?

____

2 다음을 듣고 맞으면 ○, 틀리면 ✕ 하십시오. 听录音正确的划○，错误的划✕。 **115**

(1) 리타 씨는 혼자 인사동에 갔어요. (　　)

(2) 인사동에서 옛날 물건을 구경할 수 있어요. (　　)

(3) 토니 씨는 인사동에 안 가 봤어요. (　　)

(4) 두 사람은 내일 인사동에 갈 거예요. (　　)

 〈보기〉와 같이 대화를 쓰십시오. 仿照例子, 写一写

가　남대문시장에 가 봤어요?
나　네, 가 봤어요.
가　남대문시장이 어때요?
나　물건이 아주 싸요. 한번 가 보세요.

(남대문시장 / 가다 / 물건이 아주 싸다)

(1)

가　______________________________
나　______________________________
가　______________ 어때요?
나　______________________________

(놀이공원 / 가다 / 아주 재미있다)

(2)

가　______________________________
나　______________________________
가　______________ 어때요?
나　______________________________

(춘천 / 가다 / 호수가 아름답다)

(3)

가　______________________________
나　______________________________
가　______________ 어때요?
나　______________________________

(이 음악 / 듣다 / 정말 신나다)

(4)

가　______________________________
나　______________________________
가　______________ 어때요?
나　______________________________

(삼계탕 / 먹다 / 맛있다)

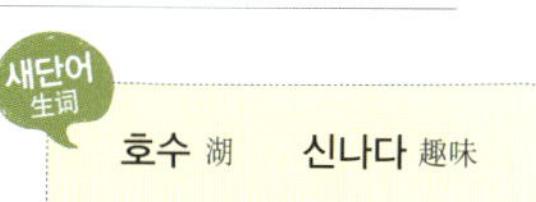

1 〈보기〉와 같이 친구와 대화하십시오. 仿照例子和朋友说一说。

보기		
밍밍	왕리 씨, 부산에 가 봤어요?	
왕리	네, 지난 방학에 부산에 가 봤어요.	
밍밍	거기에서 무엇을 했어요?	
왕리	바다에 가서 수영하고 큰 시장을 구경했어요.	
밍밍	날씨가 어땠어요?	
왕리	아주 시원했어요.	
밍밍	거기에서 무슨 음식을 먹었어요?	
왕리	생선찌개를 먹었어요. 아주 맛있었어요.	
밍밍	저도 한번 가 보고 싶어요.	

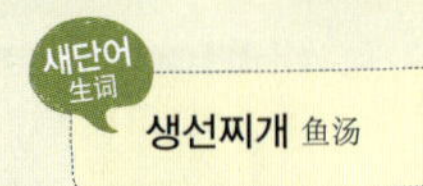

보기	(1)	(2)	(3)
왕리	토야	유미코	토니
부산	춘천	제주도	안동
바다 – 수영하다	호수 – 배를 타다	친구 집 – 친구 가족을 만나다	한국 춤 – 구경하다
큰 시장 – 구경하다	등산하다	등산하다	사진을 많이 찍다
시원하다	따뜻하다	조금 덥다	쌀쌀하다
생선찌개	닭갈비	돼지 고기	찜닭

2 다음은 왕리 씨의 글입니다. 〈보기〉와 같이 쓰십시오. 下面是王力写的作文，仿照例子写一写。

보기
저는 지난 방학에 부산에 가 봤어요.
부산에 가서 바다를 보고 수영을 했어요. 날씨가 시원해서 기분이 좋았어요.
시장에 갔는데 여러 가지 생선이 아주 많았어요.
부산에는 맛있는 음식이 많아요. 저는 생선찌개를 먹었어요.
저는 생선을 좋아하지 않지만 부산에서 먹으니까 아주 맛있었어요.

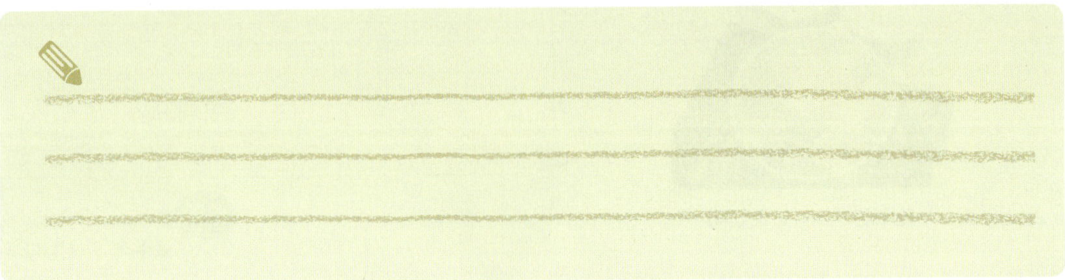

ㅆ, ㅉ

ㅆ, ㅉ是舌尖抵住下齿，舌面前部接近硬腭，使气流从舌面前部和硬腭之间的空隙处挤出来摩擦发音。

例子 ㅆ다 [싸다]
ㅉ다 [짜다]

1 잘 듣고 따라 읽으십시오. 听录音跟读。 **116**

(1) 쓰레기

(2) 어쩌면

(3) 슬쩍

2 잘 듣고 따라 읽으십시오. 听录音跟读。 **117**

(1) 된장찌개 먹을래요?

(2) 그쪽에 없어요?

(3) 날씨가 쌀쌀하네요.

3 잘 듣고 쓰십시오. 听录音，写一写。 **118**

(1)

(2)

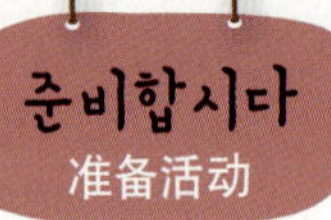

두 사람은 무슨 이야기를 할까요?　两个人正在说什么?

여러분은 처음 한국어를 배울 때 어땠어요?　大家刚学韩语的时候感觉如何?

대화 对话　

토니	밍밍 씨, 내일이면 수업이 끝나지요?
밍밍	네, 벌써 1급이 끝나는군요.
토니	그래요. 한국어를 처음 배울 때가 생각나요.
밍밍	그때는 한국어를 잘하지 못해서 무척 힘들었어요.
토니	처음에는 힘들었지만 이제는 괜찮지요?
밍밍	그럼요. 2급에 가면 더 열심히 공부해서 장학금을 받을 거예요.

새단어 生词

벌써 已经
생각나다 想起
무척 很, 非常

안부 인사 问候语

토니 씨, 오랜만이에요.
정말 오랜만이에요.
그동안 잘 지냈어요?
네, 밍밍 씨도 잘 지냈지요?
방학 동안 어떻게 지냈어요?
좀 바빴어요.
민수 씨는 잘 지내지요? 안부 좀 전해 주세요.
또 연락해요.
네, 자주 연락해요.
그럼 다음에 봐요.
네, 안녕히 가세요.

–(으)ㄹ 때

用于动词和形容词词干后面，表示某种行为或状况持续进行的时间。没收音和以ㄹ收音结尾的词干后面加–ㄹ 때，有收音的词干后面加–을 때。

가 + **ㄹ 때** → 갈 때 　　　　　먹 + **을 때** → 먹을 때

가 　학교에 올 때 어떻게 와요? 来学校的时候怎么来?
나 　걸어서 와요. 走着来。

가 　기분이 좋을 때 뭐 해요? 心情好的时候干什么?
나 　노래를 불러요. 唱歌。

1 〈보기〉와 같이 문장을 완성하십시오. 仿照例子，完成句子。

> 보기　어리다 / 책을 많이 읽다 → <u>어릴 때 책을 많이 읽었어요.</u>

(1) 　슬프다 / 이 노래를 듣다 　　　　　→ ________________________

(2) 　한국에서 공부하다 / 그 친구를 만나다 　→ ________________________

(3) 　잠을 자다 / 전화가 오다 　　　　　→ ________________________

2 〈보기〉와 같이 대화를 완성하십시오. 仿照例子，完成对话。

보기 

가 　언제 기분이 안 좋아요?
나 　배고플 때 기분이 안 좋아요.

(1) 

가 　언제 학교에 안 가고 싶어요?
나 　________________________

(2)

가 　언제 부모님이 보고 싶어요?
나 　________________________

−지 못하다

用在动词和形容词词干后面，表示没有能力或未能按照意志进行或者未达到某种状态。

가 + **지 못하다** → 가지 못하다   먹 + **지 못하다** → 먹지 못하다

가 공부 잘해요? 学习好吗?

나 아니요, 잘하지 못해요. 不, 学习不好。

가 어제 공원에서 놀았어요? 昨天在公园玩了?

나 어제 비가 와서 놀지 못했어요. 昨天因为下雨没能在公园玩。

1 〈보기〉와 같이 문장을 완성하십시오. 仿照例子, 完成句子。

> 보기 술을 못 마셔요. → <u>술을 마시지 못해요.</u>

(1) 스키를 못 타요.   → ______________________________

(2) 친구를 못 만났어요.   → ______________________________

(3) 장학금을 못 받았어요.   → ______________________________

2 〈보기〉와 같이 대화를 완성하십시오. 仿照例子, 完成对话。

보기 

가 매운 음식을 좋아해요?

나 아니요, <u>저는 매운 음식을 먹지 못해요.</u>

(1) 

가 연휴에 여행을 가요?

나 아니요, ______________________________

(2) 

가 어제 친구를 만났어요?

나 아니요, ______________________________

1 〈보기〉와 같이 친구와 대화하십시오. 仿照例子，与朋友对话。

보기		가 기분이 좋을 때 뭐 해요?
언제	기분이 좋다	나 기분이 좋을 때 춤을 춰요.
무엇을 해요?	춤을 추다	

	(1)	(2)	(3)	(4)
언제	피곤하다	잠이 안 오다	머리가 아프다	시간이 많다
무엇을 해요?	샤워를 하다	텔레비전을 보다	잠을 자다	책을 읽다

2 〈보기〉와 같이 친구와 대화하십시오. 仿照例子，与朋友对话。

보기 가 운전을 할 수 있어요?
나 네, 할 수 있어요. / 아니요, 하지 못해요.

(운전하다)

(혼자 여행하다)

(사물놀이를 하다)

(요리하다)

(혼자 주문하다)

(프랑스어를 하다)

(1) 밍밍 •

• ① 

(2) 토니 •

• ② 

(3) 유미코 •

• ③ 

(4) 왕리 •

• ④ 

4 다음을 듣고 무슨 물건인지 이름을 쓰시오. 请听录音，并写下东西的名字。 

(1) 

____

(2) 

____

(3) 

____

(4) 

____

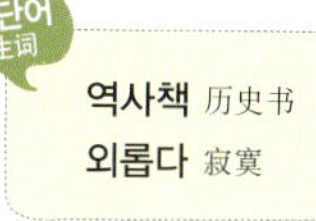

1 리타 씨가 토니 씨에게 편지를 썼습니다. 다음을 읽고 맞으면 ○, 틀리면 × 하십시오.

丽塔给托尼写了信。阅读下面内容，正确的划○，错误的划×。

> 토니 씨에게
>
> 그동안 잘 지냈어요? 자주 연락하지 못해서 미안해요.
>
> 저는 러시아로 돌아와서 바빴어요. 오랜만에 친구들을 만나서 한국 이야기를 많이 했어요. 한국에서 생활할 때 필요한 물건도 많이 샀어요.
>
> 다음 주에는 할머니를 만나러 가려고 해요. 할머니 댁에 가면 재미있는 시간을 보낼 거예요.
>
> 토니 씨는 방학 동안 한국에서 뭐 해요? 정말 보고 싶어요.
>
> 한국에 가기 전에 또 편지 쓰겠어요.
>
> 친구 리타가

(1) 리타 씨는 토니에게 자주 연락하지 못했어요. (   )

(2) 리타 씨는 고향에서 쇼핑을 많이 했어요. (   )

(3) 리타 씨의 가족과 할머니는 같이 살아요. (   )

(4) 토니 씨는 방학 동안 고향에 갔어요. (   )

2 여러분도 친구에게 편지를 쓰고 안부를 물어보십시오. 给朋友写信问候。

ㅈ, ㅉ, ㅊ

破擦音[ㅈ, ㅉ, ㅊ]发音位置相同。舌尖抵住下齿，舌面前部向上接触上齿龈和硬腭，堵住气流，是气流冲破阻碍的同时摩擦发音。

例子 지다 [지다]
　　　 찌다 [찌다]
　　　 치다 [치다]

1 잘 듣고 따라 읽으십시오. 听录音跟读。 **122**

(1) 종 / 총

(2) 주워요 / 추워요

(3) 짐 / 찜

2 잘 듣고 따라 읽으십시오. 听录音跟读。 **123**

(1) 짜증 내지 마세요.

(2) 그 사람은 정말 친절해요.

(3) 사진 좀 찍어 주세요.

3 잘 듣고 쓰십시오. 听录音，写一写。 **124**

(1)

(2)

1 아래에서 알맞은 것을 골라 대화를 완성하십시오. 选择下列正确的单词，并完成对话。

아직	한번	처음	벌써	때

(1) 가 부모님께 편지 썼어요?
　　나 아니요, ＿＿＿＿＿＿＿ 쓰지 못했어요.

(2) 가 갈비탕을 먹어 봤어요?
　　나 아니요, ＿＿＿＿＿＿＿ 먹어 보고 싶어요.

(3) 가 한국에서는 몇 살에 학교에 입학해요?
　　나 여덟 살 ＿＿＿＿＿＿＿ 학교에 가요.

(4) 가 점심 먹으러 갑시다.
　　나 ＿＿＿＿＿＿＿ 점심시간이에요?

(5) 가 북한산은 정말 아름답군요. 전에 와 봤어요?
　　나 아니요, 저도 ＿＿＿＿＿＿＿ 왔어요.

2 아래에서 알맞은 것을 골라 쓰십시오. 选择下列正确的单词，并完成对话。

고맙다	괜찮다	다녀오다	돌아가다	생각나다	준비하다	끝나다

밍밍 저는 이번 토요일에 고향에 ＿＿＿＿＿＿＿

토니 그래요? 잘 ＿＿＿＿＿＿＿

밍밍 토니 씨 그동안 많이 도와줘서 ＿＿＿＿＿＿＿

토니 별말씀을요.

밍밍 고향에서 돌아올 때 선물을 사 오겠어요.

토니 아니요, 저는 ＿＿＿＿＿＿＿. 고향에 가면
　　　연락하세요.

밍밍 네, 토니 씨도 필요한 것이 ＿＿＿＿＿＿＿
　　　연락하세요.

3 아래에서 알맞은 것을 골라 대화를 완성하십시오. 选择下列正确的单词，并完成对话。

> 동안 　　　　　　　　　 −아/어/여 보다
>
> −(으)ㄹ까요? 　　　　　　 −지 못하다

(1) 

가 골프를 칠 수 있어요?
나 아니요, ________________

(2) 

가 언제 음악을 들어요?
나 ________________

(3) 

가 선생님, 안녕하세요?
나 어서 오세요. ________________

(4) 

가 ________________
나 네, 우산을 준비하세요.

(5) 

가 마이클 씨는 유학 오기 전에 뭐 했어요?
나 ________________

(6) 

가 추석 연휴에 뭐 할 거예요?
나 ________________

(7) 

1시간

가 숙제가 많아요? 얼마 동안 숙제했어요?
나 ________________

(8) 

한국대학교

가 ________________
나 아니요, 아직 가 보지 못했어요.

4 〈보기〉와 같이 대화를 완성하십시오. 仿照例句，完成对话。

> **보기** 가 내일 등산을 <u>갈까요?</u>
>
> 나 네, 좋아요. 같이 가요.

(1) 가 무슨 영화를 _______________
　　나 한국 영화를 봅시다.

(2) 가 수업 후에 농구를 _______________
　　나 좋아요. 농구하러 가요.

(3) 가 배고프지요? 제가 _______________
　　나 네, 요리해 주세요. 고마워요.

(4) 가 이번 겨울에 눈이 많이 _______________
　　나 네, 많이 올 거예요.

(5) 가 밤 9시에 가면 사무실에 선생님이 _______________
　　나 아니요, 안 계실 거예요.

5 다음을 듣고 질문에 답하십시오. 听录音，回答问题。 **125**

(1) 왕리 씨는 방학 동안 무엇을 합니까? _______________

(2) 미나 씨는 방학 동안 무엇을 합니까? _______________

6 다음을 듣고 빈칸을 채우십시오. 听录音，完成填空。 **126**

누가	왕리
어디에 갔어요?	부산
언제 갔어요?	(1)
누구와 갔어요?	(2)
어떻게 갔어요?	KTX를 탔어요.
어디에서 지냈어요?	(3)
어땠어요?	날씨가 조금 더웠지만 좋았어요.

7 다음을 읽고 질문에 답하십시오. 阅读下面短文，回答问题。

> 저는 이번 방학에 계획이 많아요. 학교에 다닐 때 바빠서 복습을 하지 못했어요.
> 먼저 복습을 할 거예요. 그리고 매일 운동을 하려고 해요. 저는 수영을 하지 못해서
> 방학 동안 배울 거예요.
> 그리고 친구들과 동해로 여행을 갈 거예요. 친구 부모님이 동해에 사세요. 친구 집에
> 가서 여행도 하고 부모님 일도 도울 거예요.

(1) 맞으면 ○, 틀리면 × 하십시오.

① 학교에 다닐 때 바빠서 복습을 안 했습니다.　　　　(　　　)

② 나는 수영을 안 배웠지만 잘합니다.　　　　(　　　)

③ 친구 부모님 댁으로 여행을 가려고 합니다.　　　　(　　　)

④ 동해에 가면 일을 하지 않고 놀 겁니다.　　　　(　　　)

(2) 여러분의 방학 계획은 무엇입니까? 써 보십시오.

제주도　济州岛

济州岛是韩半岛西南边的一个岛。它是韩国最大的岛屿也是有名的观光胜地。以中央的汉拿山为中心形成东西73km，南北41km的椭圆型岛屿。

济州岛属于温带气候，冬天的气温几乎不会在零下，一直维持在零上。汉拿山、城山日出峰、拒文岳熔岩洞窟在学术·文化·观光·生态等方面的价值和重要性得到认证，2007年6月，济州火山岛和熔岩洞窟被评选为世界自然文化遗产。

济州岛被称为'三多岛'，表示有3种东西最多。石头、风、女人最多。济州岛是火山喷发形成的岛所以石头很多。'石头爷爷'也正是由这火山喷发而生成的玄武岩形成的。而且济州岛是风从海边吹来的地形，和韩国其他地方相比风力非常大。而且在济州岛从很久之前开始男人去海边做事没能回来的情况很多，因此济州岛的女人像男人一样生活能力很强。

❶ 여러분은 한국의 관광지 중에서 어디에 가 봤습니까?

你们去过韩国的哪些旅游景点？

❷ 여러분 나라의 유명한 관광지 한 곳을 소개해 주십시오.

介绍一处你们国家有名的旅游景点。

附录

第06章 음식

❶ 점심 먹으러 갈까요?

문법 ❶ 语法 ❶

1 (1) 운동을 하고 샤워를 해요.

(2) 먼저 밥을 먹고 약을 먹어요.

(3) 전화를 하고 사무실에 가요.

2 (1) 밥을 먹고 커피를 마십니다.

(2) 손을 씻고 밥을 먹읍시다. / 손을 씻고 식사
합시다.

문법 ❷ 语法 ❷

1

	−(으)ㄹ까요?		−(으)ㄹ까요?
보기 가다	갈까요?	읽다	읽을까요?
보다	볼까요?	운동하다	운동할까요?

2 (1) 공부할까요? / 네, 공부합시다. / 미안해요.
약속이 있어요.

(2) 식당에서 밥을 먹을까요? / 네, 밥을 먹읍시다.
/ 미안해요. 약속이 있어요.

듣기/말하기 听/说

1 (1) ④

2 (1) 토요일 11시에 만납니다.

(2) 농구하고 식사합니다.

발음 发音

3 (1) 방 법 이 │ 있 어 요 .

(2) 지 하 철 역 에 서 │ 만 나 요 .

❷ 한번 먹어 보세요.

어휘 词汇

(1) ④   (2) ②   (3) ⑤   (4) ③

문법 ❶ 语法 ❶

1

	−아/어/여 보다	−아/어/여 보세요
보기 읽다	읽어 보다	읽어 보세요
오다	와 보다	와 보세요
마시다	마셔 보다	마셔 보세요
요리하다	요리해 보다	요리해 보세요

2 (1) 우유를 마셔 보세요. (2) 옷을 입어 보세요.

문법 ❷ 语法 ❷

1 (1) 예쁜   (2) 재미있는

(3) 매운

2 (1) 시원한 날씨가 좋아요.

(2) 밝은 방이 좋아요.

듣기/말하기 听/说

1 (1) ×   (2) ○   (3) ×   (4) ○

쓰기/말하기 写/说

2 (1) 긴 / 짧은 / 짧은 / 긴 / 뜨거운

(2) 뚱뚱한 / 날씬한 / 짠 / 시원한

발음 发音

3 (1) 손 을 │ 씻 습 니 다 .

(2) 저 │ 식 당 │ 음 식 이 │ 쌌 어 요 .

❸ 친구들과 같이 먹겠어요.

문법 ❶ 语法 ❶

1 (1) 먹겠습니다.   (2) 쓰겠습니다.

(3) 샤워하겠습니다.

2 (1) 매일 복습하겠습니다.

(2) 내일부터 운동하겠습니다.

문법 ❷ 语法 ❷

1 (1) 그리고   (2) 그래서

(3) 그렇지만

2 (1) 그렇지만 　　　　(2) 그래서

1 (1) 네, 가끔 먹습니다.

(2) 한식당에 자주 갑니다.

(3) 다음 주에 시험이 끝나고 갑니다.

1 (1) 그래서 / 그리고 　　(2) 그래서 / 그렇지만

(3) 그렇지만 / 그래서

3 (1) | 꽃 | 도 | 　 | 있 | 습 | 니 | 다 | . | 　 | 　 | 　 | 　 |

(2) | 맛 | 있 | 는 | 　 | 음 | 식 | 도 | 　 | 먹 | 겠 | 습 | 니 |
| 다 | . | 　 | 　 | 　 | 　 | 　 | 　 | 　 | 　 | 　 | 　 |

04 한국 음식 만들기를 좋아해요.

1 (1) 수영하기가 어려워요.

(2) 자전거 타기를 좋아해요.

(3) 쇼핑하기가 즐거워요.

2 (1) 수영하기를 좋아해요.

(2) 비빔밥 만들기가 어려워요.

1 (1) 우유로 만들어요.

(2) 뭘로 만들어요? 돼지고기로 만들어요 .

2 (1) ③, 고추장은 고추로 만들어요.

(2) ②, 밥은 쌀로 만들어요.

2

좋아해요	재료: 닭고기	싫어해요	재료: 야채
	음식: 찜닭, 삼계탕		음식: 비빔밥, 콩나물국밥

1

왕리의 한국 생활		
한국말을 배우다	□ 쉽다	☑ 재미있다
	☑ 어렵다	□ 재미없다

한국 음식을 먹다	☑ 맛있다	□ 매운 음식이 많다
	□ 맛없다	☑ 짠 음식이 많다

3 (1) | 주 | 고 | 　 | 받 | 습 | 니 | 다 | . | 　 | 　 | 　 |

(2) | 머 | 리 | 가 | 　 | 까 | 맣 | 습 | 니 | 다 | . | 　 |

05 다시 공부해 봅시다

1 (1) 감자튀김 　　　　(2) 비빔밥

(3) 냉면 　　　　　　(4) 설렁탕

2 (1) ③ 　　(2) ① 　　(3) ⑤ 　　(4) ④

3 (1)

김치	보기 김치찌개
	김치볶음밥 / 김치햄버거
	김치라면

(2)

닭	보기 닭갈비
	닭튀김 / 닭볶음탕 / 찜닭

(3)

감자탕 / 갈비탕	탕
설렁탕 / 삼계탕	

(4)

제육덮밥 / 비빔밥	밥
김밥 / 볶음밥 / 잡채밥	

4 (1) ⑤ 　　(2) ① 　　(3) ③ 　　(4) ④

5 (1) ① 　　(2) 명동백화점

6 (1) ① 　　(2) 커피를 마실 거예요.

7 (1) 여자 두 명과 남자 한 명이 있어요.

(2) 아침에 계란 한 개와 우유 한 잔과 빵 한 개를 먹어요.

(3) 삼각김밥 한 개와 우유 한 개를 샀어요.

(4) 가방 한 개와 책 두 권이 있어요.

8 (1) 자전거를 탈까요?

(2) 닭으로 만들어요.

9 (1) 떡볶이예요.

(2) 떡과 고추장과 설탕이에요.

(3) 조금 맵지만 달고 맛있어요.

(4) 아니요, 값이 싸요.

10 (1) 햄버거를 먹고 싶었어요.

(2) 빵, 오이, 두부를 샀어요.

(3) 아니요, 좋아하지 않아요.

(4) ③

第**07**章 쇼핑

⓪1 수박 한 통에 얼마예요?

문법 ❶ 语法 ❶

1

	–아/어/여서		–아/어/여서		–아/어/여서
보기 가다	가서	예쁘다	예뻐서	숙제하다	숙제해서
보다	봐서	맛있다	맛있어서	운동하다	운동해서
작다	작아서	마시다	마셔서	피곤하다	피곤해서
좋다	좋아서	춥다	추워서	날씬하다	날씬해서

2 (1) 사과가 싸서 많이 샀어요.

(2) 옷이 비싸서 안 샀어요.

문법 ❷ 语法 ❷

1 (1) 딸기 일 킬로그램에 만 원입니다.

(2) 꽃 다섯 송이에 팔천 원입니다.

(3) 신발 한 켤레에 얼마입니까?

2 (1) 양말 한 켤레에 이천 원이에요.

(2) 연필 두 자루에 천 원이에요.

듣기/말하기 听/说

1 (1) ○ (2) × (3) × (4) ○

2 (1) ③ (2) 날씨가 더워서 (3) 삼천 원

읽기/쓰기 读/写

1 (1) 시장 (2) 복숭아와 포도

(3) 값이 비싸지 않아서

2 (1) 냉장고를 사고 싶어서

(2) 여름

(3) 큰 냉장고만 있어서

3 냉장고 / 커요 / 혼자 살아서

발음 发音

3 (1)

오	늘		아	침	에		우	유	를		마
셨	어	요	.								

(2)

우	리		학	교	에		중	국	에	서	
온		학	생	들	이		있	어	요	.	

⓪2 오늘은 바쁘니까 내일 갑시다

문법 ❶ 语法 ❶

1 (1) 오전 9시부터 오후 1시까지 수업입니다.

(2) 12시부터 1시까지 점심시간입니다.

(3) 10시 50분부터 11시 10분까지 휴식 시간입니다.

2 (1) 8월 5일부터 20일까지 방학이에요.

(2) 5월 18일부터 19일까지 여행 가요.

문법 ❷ 语法 ❷

1 (1) 김치찌개가 매우니까 물을 드세요.

(2) 배가 고프니까 빨리 밥을 드세요.

2 (1) 시간이 있으니까 커피숍에 갑시다.

(2) 시험이 끝났으니까 영화관에 갑시다.

듣기 听

1 (1) × (2) ○ (3) × (4) ×

2 (1) 명동백화점 (2) ①

말하기/쓰기 说/写

3 (1) 날씨가 좋으니까 등산하러 갈까요? / 미안해요. 바쁘니까 다음에 갑시다.

(2) 많이 먹었으니까 산책하러 갈까요? / 날씨가 추우니까 커피숍에 갑시다.

4 5일부터 10일까지 / 원피스 / 도서관 앞에서 1시에 만날까요? / 다른 약속이 있으니까 3시에 만납시다.

발음 发音

3 (1)

내	일	부	터		백	화	점		세	일	이
에	요	.									

(2)

운	동	하	려	고		스	포	츠	센	터	에
갔	어	요	.								

⑬ 이 운동화는 정말 편하군요.

문법 ❶ 语法 ❶

1

	−군요		−군요
보기 보다	보는군요	읽다	읽는군요
마시다	마시는군요	좋아하다	좋아하는군요
크다	크군요	작다	작군요
예쁘다	예쁘군요	춥다	춥군요

2 (1) 먹는군요. / 아이스크림이 맛있군요.

    (2) 운동하는군요. / 날씬하군요.

    (3) 먹는군요. / 김치가 맵군요.

문법 ❷ 语法 ❷

1 (1) 영화관에 있는 사람이 토니 씨입니다.

    (2) 전화를 하는 사람이 밍밍 씨입니다.

    (3) 공부를 하는 사람이 리타 씨입니다.

2 (1) 선생님과 이야기하는 사람이 리타 씨예요.

    (2) 커피를 마시는 사람이 유미코 씨예요.

듣기/읽기 听/读

1 (1) ①　　　　　　(2) ④

2 (1) 휴대전화 가게　　(2) ③

3 (1) 동대문에 있는 옷가게

    (2) 입기도 벗기도 편해요.

    (3) 삼각김밥

    (4) 매운 삼각김밥

    (5) 반지를 사러

    (6) 여자 친구가 좋아하는 반지

    (7) ④

말하기/쓰기 说/写

2 (1) 수영을 제일 잘하는 / 수영을 제일 잘하는 사람은 유미코 씨예요. / 유미코 씨가 수영을 제일 잘하는군요.

    (2) 노래를 제일 잘하는 / 노래를 제일 잘하는 사람은 밍밍 씨예요. / 밍밍 씨가 노래를 제일 잘하는군요.

발음 发音

3 (1)

엄	마	가		아	기	를		안	고		있
어	요	.									

    (2)

한	국		음	악	이		인	기	가		아
주		많	아	요	.						

⑭ 전자 상가에 가서 전자사전을 샀어요.

문법 ❶ 语法 ❶

1 (1) 수정 씨는 공원에 가서 산책합니다.

    (2) 친구가 김밥을 만들어서 먹습니다.

2 (1) 아침에 일어나서 세수해요.

    (2) 친구를 만나서 점심을 먹어요.

문법 ❷ 语法 ❷

1 (1) 마이클 씨가 토니 씨보다 커요.

    (2) 토니 씨 집이 왕리 씨 집보다 넓어요.

    (3) 버스가 지하철보다 복잡해요.

듣기/쓰기 听/写

1 (1) ②　　(2) ① ×　② ○

2 만나서 / 가서 / 가서

읽기/쓰기 读/写

1 (1) 대한컴퓨터: 가볍다

      민국컴퓨터: 무겁다, 편리하다

    (2) 대한컴퓨터를 샀어요. / 가벼워서 샀어요.

2 문화세탁기가 서울세탁기 / 비싸요 / 문화세탁기가 더 편리해요 / 비싸지만 / 조용하다 / 편리해서 / 싼

발음 发音

3 (1)

책	이		너	무		무	겁	다	.		

    (2)

여	기	는		날	씨	도		덥	고		집
도		많	다	.							

⑮ 다시 공부해 봅시다

1 (1) ④　　(2) ②　　(3) ①

2 (1) 장미꽃 일곱 송이

    (2) 수박 두 통

    (3) 청바지 네 벌

    (4) 컴퓨터 한 대, 세탁기 한 대

    (5) 구두 네 켤레, 운동화 두 켤레

    (6) 개 두 마리, 닭 세 마리

3 (1) 산이 참 아름답군요!

   (2) 학생들이 열심히 공부하는군요!

   (3) 많이 아프군요!

4 (1) ⑥, 과일을 씻어서 먹었어요.

   (2) ⑤, 케이크를 만들어서 친구에게 선물했어요.

   (3) ③, 도서관에 가서 시험공부를 했어요.

   (4) ②, 친구를 만나서 이야기를 했어요.

   (5) ①, 공원에 가서 산책을 했어요.

5 (1) 시험이 있으니까 다음에 봅시다.

   (2) 비가 오니까 다음 주말에 갑시다.

   (3) 배가 고프니까 식당에 갑시다.

   (4) 피곤하니까 좀 쉽시다.

6 (1) 가서   (2) 일어나서

   (3) 오니까   (4) 고프니까

   (5) 재미있으니까

7 (1) 요즘 날씨가 더워서

   (2) 수박이 너무 커서 혼자 다 먹을 수 없어서

   (3) 네, 친구들과 같이 다 먹었어요.

第08章 전화

❶ 이 선생님 계시면 좀 바꿔 주세요.

문법 ❶ 语法 ❶

1 (1) ②, 날씨가 따뜻하면 테니스를 쳐요.

   (2) ③, 날씨가 더우면 샤워해요.

2 (1) 사무실에 가면 만날 수 있어요.

   (2) 날씨가 좋으면 산에 갈 거예요.

문법 ❷ 语法 ❷

1

	-아/어/여 주다	-아/어/여 주세요
보기 오다	와 주다	와 주세요
쓰다	써 주다	써 주세요
읽다	읽어 주다	읽어 주세요
전화하다	전화해 주다	전화해 주세요

2 (1) 수영을 가르쳐 주세요.

   (2) 청소해 주세요.

말하기/듣기 说/听

3 (1) 리타 씨의 전화번호를 알고 싶어서

   (2) ③

4 (1) ×   (2) ×   (3) ○

5 ②

읽기/쓰기 读/写

1 (1) ○   (2) ○   (3) ×   (4) ○

2 (1) 혜화역   (2) 오후 2시

   (3) 쇼핑을 할 거예요.

발음 发音

3 (1)

여	자		친	구	와		춤	을		췄	어
요	.										

   (2)

친	구	와		영	화	를		봤	어	요	.

❷ 전화벨 소리를 못 들었어요.

문법 ❶ 语法 ❶

1 (1) ③, 돈이 없어서 컴퓨터를 못 사요.

   (2) ②, 옷이 작아서 옷을 못 입어요.

2 (1) 아니요, 수영을 못 해요

   (2) 아니요, 한국말을 못 해요.

문법 ❷ 语法 ❷

1 (1) 이 옷을 어제 샀는데 교환하고 싶어요.

   (2) 외국 사람인데 한국말을 잘해요.

   (3) 냉면이 맛있는데 냉면을 먹읍시다.

2 (1) 모르는데   (2) 비가 오는데

듣기/말하기 听/说

1 (1) ○   (2) ○

2 (1) 공원

   (2) 내일 시험이 있어서 못 갑니다.

읽기/쓰기 读/写

1 갔는데 / 싶었는데 / 먹었는데

발음 发音

3 (1)

집	에	서		쉴		거	예	요	.		

   (2)

날	씨	가		맑	을		거	예	요	.	

03 리타 씨에게서 문자메시지를 받았어요?

1 (1) 에게　　　　　　　(2) 께

2 (1) 리타에게 책을 사 주었어요.

　　(2) 친구에게 편지를 썼어요.

1 (1) 박민수 씨가 강수진 씨에게서 문자메시지를
　　　받았어요.

　　(2) 선생님께서 학생에게서 이메일을 받았어요.

2 (1) 리타 씨에게서 문자메시지를 받았어요.

　　(2) 선생님께 한국말을 배워요.

1 (1) 리타 씨　　　　　(2) 리타 씨의 편지

　　(3) 밍밍 씨

2 (1) ×　　　(2) ×　　　(3) ○　　　(4) ×

3 (1)

무	슨		일	이	세	요	?			

　　(2)

제		나	이	는		서	른	여	덟	이	에
요	.										

04 저도 잘 몰라요.

1

	-ㅂ니다/습니다	-아/어/여요	-(으)니까	-아/어/여서
보기 고르다	고릅니다	골라요	고르니까	골라서
다르다	다릅니다	달라요	다르니까	달라서
누르다	누릅니다	눌러요	누르니까	눌러서
빠르다	빠릅니다	빨라요	빠르니까	빨라서

2 (1) 빨라요.　　　　　　(2) 달라요.

1 (1) 영화가 재미있겠어요.

　　(2) 불고기가 맛있겠어요.

　　(3) 비가 오겠어요.

2 (1) 피곤하겠어요.　　　　(2) 배부르겠어요.

1 (1) ×　　(2) ×　　(3) ○

2 (1) ○　　(2) ×　　(3) ×

3 (1) ③　　(2) ②

3 (1)

일	주	일	에		한		번		회	의	를
가	졌	다	.								

　　(2)

농	구	를		했	는	데		다	리	를
다	쳤	다	.							

05 다시 공부해 봅시다

1 (1) ②　　(2) ①　　(3) ④　　(4) ③

　　(5) ⑥　　(6) ⑤

2 (1) 빠르니까　　　　　(2) 달라요.

　　(3) 불렀어요.　　　　(4) 몰라요.

　　(5) 배불러서

3 (1) ○　　　　　　　(2) ×

4 (1) 방학을 하면　　　(2) 배불러서 못 먹어요.

　　(3) 비가 오겠어요.　　(4) 선생님께

　　(5) 친구에게서

5 (1) 일이 많아서 못 갔어요.

　　(2) 시간이 없어서 못 먹었어요.

　　(3) 친구하고 약속이 있어서 못 가요.

　　(4) 휴대전화가 고장나서 못 했어요.

6 (1) 네, 잘해요.

　　(2) 네, 일주일에 두 번쯤 가요.

　　(3) 한국 노래를 좋아해요.

　　(4) 리타 씨와 노래방에 갈 거예요.

7 (1) 학교 앞 영화관에서 만납시다.

　　(2) ① ○　　② ×

01 여기에서 거기까지 얼마나 걸려요?

문법 ❶ 语法 ❶

1 (1) 으로　(2) 으로　　(3) 로

2 (1) 부산에 기차로 가요.
　(2) 휴대전화로 사진을 찍어요.

문법 ❷ 语法 ❷

1 (1) 에서 / 까지 / 로　　(2) 에서 / 까지 / 로
　(3) 에서 / 까지 / 로

2 (1) 학교에서 남대문시장까지 버스로 30분 걸려요.
　(2) 서울에서 제주도까지 비행기로 1시간 걸려요.

듣기/쓰기 听/写

1 (1) 비행기로 왔어요.
　(2) ① ×　　　② ×　　　③ ○

2 (1)

지하철 역 이름	타다	갈아타다	내리다
	혜화역	동대문역사 문화공원역	신촌역

　(2) ① ○　　　② ×　　　③ ○

3 (1) 왕리 / 토요일 / 사진을 찍으러 경복궁에 가
　　요. / 집에서 경복궁까지 / 지하철 3호선 /
　　경복궁역에서 내리세요. / 집에서 경복궁까
　　지 지하철로 / 20분쯤
　(2) 민수 / 수업 후 / 기타를 배우러 신촌에 가요.
　　/ 학교에서 신촌까지 / 버스 273번 / 신촌역
　　에서 내리세요. / 학교에서 신촌까지 버스로
　　/ 30분쯤

발음 发音

3 (1)

친	구	들	과		운	동	했	습	니	다	.

　(2)

공	원	에	서		운	동	하	였	습	니	다	.

02 명동으로 가 주세요.

문법 ❶ 语法 ❶

1

	-ㅂ니다 /습니다	-아/어 요	-았/었 어요	-(으)ㄴ	-(으)니 까
보기 노랗다	노랗습 니다	노래요	노랬 어요	노란	노라 니까
파랗다	파랗습 니다	파래요	파랬 어요	파란	파라 니까
하얗다	하얗습 니다	하얘요	하얬 어요	하얀	하야 니까
어떻다	어떻습 니다	어때요	어땠 어요	어떤	어떠 니까
넣다	넣습 니다	넣어요	넣었 어요	넣은	넣으 니까

2 (1) 노래요. / 노란 꽃
　(2) 하얘요. / 하얀 산
　(3) 까매요. / 까만 머리

문법 ❷ 语法 ❷

1 (1) 로　　　(2) 으로　　(3) 로

2 (1) 왼쪽으로 가세요.　(2) 1번 출구로 나가세요.

말하기/읽기 说/读

2 (1) 택시로 강남역에 가요.　　(2) 1시간
　(3) 카드로 계산할 거예요.

듣기/말하기 听/说

1 (1) ①
　(2) ① ×　　② ○　　③ ○

2 (1) ①
　(2) ① ×　　② ×　　③ ○

발음 发音

3 (1)

학	교	에		올		수		없	다	.

　(2)

아	침	을		먹	을		수		있	다	.

03 오후에 서울서점에 가려고 해요.

문법 ❶ 语法 ❶

1 (1) 내일은 집에서 쉬려고 해요.
　(2) 점심시간에 비빔밥을 먹으려고 해요.
　(3) 추워서 창문을 닫으려고 해요.

2 (1) 여행을 하려고 해요.
　(2) 친구를 만나려고 해요.

1

	–아/어/여요	–아/어/여 보다	–(으)십시오	–았/었/였어요	–ㅂ니다/습니다
보기 듣다	들어요	들어 보세요	들으십시오	들었어요	듣습니다
걷다	걸어요	걸어 보세요	걸으십시오	걸었어요	걷습니다
묻다	물어요	물어 보세요	물으십시오	물었어요	묻습니다
싣다	실어요	실어 보세요	실으십시오	실었어요	싣습니다
닫다	닫아요	닫아 보세요	닫으십시오	닫았어요	닫습니다
받다	받아요	받아 보세요	받으십시오	받았어요	받습니다

2 (1) 들으십시오. (2) 걸을 거예요.
  (3) 받았어요. (4) 닫으십시오.

듣기/말하기 听/说

1 (1) ① (2) 금요일 저녁
2 (1) 걸어서 10분쯤 걸려요.
  (2) ③
  (3) 사람이 많아서 힘들어요.

말하기/읽기 说/读

2 (1) 이태원 (2) 지하철, 마을버스
  (3) ①

발음 发音

3 (1)

서	점	은		일	곱		시	에		문	을
닫	는	다	.								

(2)

차	에		짐	을		싣	는	다	.

❹ 버스나 지하철로 갈 수 있어요.

문법 ❶ 语法 ❶

1 (1) 설악산이나 제주도 (2) 영어나 중국어
  (3) 수박이나 사과
2 (1) 비빔밥이나 갈비탕을 먹을 거예요.
  (2) 수영이나 등산을 해요.

1 (1) 제 방은 좁은데 언니 방은 넓어요.
  (2) 형은 공부하는데 동생은 컴퓨터게임을 해요.
2 (1) 백화점은 비싼데 시장은 싸요.
  (2) 교실은 시끄러운데 도서관은 조용해요.

듣기/읽기 听/读

1 (1) 시청역, 서울역
  (2) 2호선
2 (1) ① (2) 비행기나 기차를 타고 갈 거예요.
  (3) 바람이 부는데 춥지 않아요.
3 (1) 친구를 만나러 명동에 갔습니다.
  (2) 택시를 타고 갔습니다.
  (3) ① × ② ○ ③ ○

발음 发音

3 (1)

그		아	이	는		고	갯	짓	만		해
요	.										

(2)

눈	짓	만	으	로		알		수		있	어
요	.										

❺ 다시 공부해 봅시다

1

차	가	살	이	자	가	치	걱	먹	오	고	건
기	실	레	합	동	다	오	기	치	고	속	버
속	버	합	비	차	가	토	비	기	행	버	시
스	지	니	스	기	처	바	지	버	지	스	비
토	하	까	하	택	기	차⑤	처	스	하	시	행
바	철	택	철	서	하	철	오	투	스	실	레
비	기	사	전	거	속	버	토	고	배	택	기
행	자	전	택	시	레	합	바	속	철	거	자
자	전	거	행	바	이	전	이	비	행	기	전

2 (1) 내리다 (2) 출발하다
  (3) 도착하다 (4) 갈아타다
3 (1) ② (2) ⑤ (3) ④ (4) ③
4 (1) 묻 / 물어보 (2) 걸어요.
  (3) 들어요. (4) 받으세요.

(5) 문을 닫으세요.

5 (1) ①, 파래요.　　　(2) ②, 하얀
　　(3) ④, 노란　　　　(4) ⑤, 빨간

6 (1) ①　　　　　　　(2) ③
　　(3) ① ✕　　　② ○　　③ ✕

第10章　방학

01 이번 시험이 어려울까요?

문법 ❶ 语法 ❶

1 (1) 12월에 날씨가 추울까요?
　　(2) 이 영화가 재미있을까요?
　　(3) 저 사람은 한국 사람일까요?

2 (1) 많을까요?　　　(2) 좋아할까요?

문법 ❷ 语法 ❷

1 (1) 컴퓨터를 하기 전에 숙제를 합니다.
　　(2) 잠을 자기 전에 이를 닦습니다.
　　(3) 학교에 오기 전에 신문을 봅니다.

2 (1) 영화를 보기 전에 은행에 가요.
　　(2) 공부하기 전에 커피를 마셔요.

말하기/쓰기 说/写

3 (1) 네, 좋아요. / 1시간쯤 걸릴 거예요. / 네, 눈
　　이 많이 올 거예요. / 네, 정말 재미있을 거
　　예요. /네, 빌리세요.
　　(2) 네, 좋아요. / 4시간쯤 걸릴 거예요. / 네,
　　날씨가 좋을 거예요. / 네, 정말 재미있을 거
　　예요. / 네, 예매하세요.

듣기/말하기 听/说

1

	집에서 쉬다	여행을 가다	운동하다	공부하다
리타	○	✕	✕	○
왕리	✕	○	✕	○

2 (1) ✕　　(2) ○　　(3) ✕　　(4) ○

발음 发音

3 (1) 그림　　(2) 깜깜해요　　(3) 캐요

02 한 학기 동안 도와주셔서 감사합니다.

문법 ❶ 语法 ❶

1 (1) 여기에 앉으시겠어요?
　　(2) 이 옷을 사시겠어요?
　　(3) 이 노래를 들으시겠어요?

2 (1) 내일 등산하시겠어요?
　　(2) 영화를 보러 가시겠어요?

문법 ❷ 语法 ❷

1 (1) 겨울 방학 동안 고향에서 지냈어요.
　　(2) 쉬는 시간 동안 화장실에 다녀왔어요.
　　(3) 주말 동안 여행을 했어요.

2 (1) 10분 동안 쉬어요.
　　(2) 3시간 동안 공부할 거예요.

듣기/말하기 听/说

1 (1) 일주일 동안 있을 거예요.
　　(2) 친구를 만나고 고향 음식도 많이 먹을 거예요.

2 (1) ①
　　(2) ① ○　　② ✕　　③ ✕

3 프랑스 / 일요일 / 오전 / 7시 / 한 명

읽기/쓰기 读/写

1 (1) 왕리 씨가 선생님께 편지를 썼습니다.
　　(2) 선생님께 감사 인사를 드리고 싶어서 썼습니다.
　　(3) ①

발음 发音

3 (1)

이	것	은		제	가		그	린		그	림
이	에	요	.								

(2)

음	악	이		있	으	면		즐	겁	습	니
다	.										

03 제주도에 가 봤어요?

문법 ❶ 语法 ❶

1 (1) 한국 신문을 읽어 봤어요?
　　(2) 노래방에서 노래해 봤어요?
　　(3) 그 이야기를 들어 봤어요?

2 (1) 인삼차를 마셔 봤어요? / 네, 마셔 봤어요. /

아니요, 못 마셔 봤어요.

(2) KTX를 타 봤어요? / 네, 타 봤어요. / 아니요, 못 타 봤어요.

문법 ❷ 语法 ❷

1 (1) 삼촌이랑 신발을 사러 가요.

(2) 왕리 씨랑 리타 씨를 만났어요.

(3) 비빔밥이랑 불고기를 만들어요.

2 (1) 빵이랑 우유를 먹었어요.

(2) 바지랑 티셔츠를 사고 싶어요.

듣기/쓰기 听/写

1 (1) ①

(2) 바다에서 수영도 하고 맛있는 음식도 먹었어요.

2 (1) ×　　(2) ○　　(3) ○　　(4) ×

3 (1) 놀이공원에 가 봤어요? / 네, 가 봤어요. / 놀이공원이 / 아주 재미있어요. 한번 가 보세요.

(2) 춘천에 가 봤어요? / 네, 가 봤어요. / 춘천이 / 호수가 아름다워요. 한번 가 보세요.

(3) 이 음악을 들어 봤어요? / 네, 들어 봤어요. / 이 음악이 / 정말 신나요. 한번 들어 보세요.

(4) 삼계탕을 먹어 봤어요? / 네, 먹어 봤어요. / 삼계탕이 / 아주 맛있어요. 한번 먹어 보세요.

발음 发音

3 (1) | 아 | 저 | 씨 | , | | 싸 | 게 | | 해 | | 주 | 세 | 요. |

(2) | 찌 | 개 | 가 | | 너 | 무 | | 짜 | 요 | . | | |

❹ 한국어를 처음 배울 때가 생각나요.

문법 ❶ 语法 ❶

1 (1) 슬플 때 이 노래를 들었어요.

(2) 한국에서 공부할 때 그 친구를 만났어요.

(3) 잠을 잘 때 전화가 왔어요.

2 (1) 날씨가 추울 때 안 가고 싶어요.

(2) 몸이 아플 때 부모님이 보고 싶어요.

문법 ❷ 语法 ❷

1 (1) 스키를 타지 못해요.

(2) 친구를 만나지 못했어요.

(3) 장학금을 받지 못했어요.

2 (1) 바빠서 가지 못해요.

(2) 친구를 만나지 못했어요.

말하기/듣기 说/听

3 (1) ③　　(2) ①　　(3) ④　　(4) ②

3 (1) 젓가락　　　　(2) 안경

(3) 전자사전　　　　(4) 거울

읽기/쓰기 读/写

1 (1) ○　　(2) ○　　(3) ×　　(4) ×

발음 发音

3 (1) | 김 | 치 | 를 | | 처 | 음 | | 먹 | 어 | 요 | . | |

(2) | 추 | 워 | 서 | | 잠 | 을 | | 못 | | 잤 | 어 | 요 | . |

❺ 다시 공부해 봅시다

1 (1) 아직　　(2) 한번　　(3) 때　　(4) 벌써

(5) 처음

2 돌아가요. / 다녀오세요. / 고마워요. / 괜찮아요. / 생각나면

3 (1) 골프를 치지 못해요.

(2) 저는 운동할 때 음악을 들어요.

(3) 앉으시겠어요?

(4) 비가 올까요?

(5) 유학 오기 전에 영어를 가르쳤어요.

(6) 가족들이랑 맛있는 음식을 먹을 거예요.

(7) 1시간 동안 숙제했어요.

(8) 한국대학교에 가 봤어요?

4 (1) 볼까요?　　　　(2) 할까요?

(3) 요리를 해 줄까요?　(4) 올까요?

(5) 계실까요?

5 (1) 복습을 할 거예요.

(2) 가족들이랑 시골에 갈 거예요.

6 (1) 이번 방학에 갔어요.

(2) 반 친구들이랑 갔어요.

(3) 해운대 근처 호텔에서 지냈어요.

7 (1) ① ○　　② ×　　③ ○　　④ ×

第06章 음식

① 점심 먹으러 갈까요?

듣기/말하기 听/说

1 저는 매일 아침을 먹습니다. 계란을 한 개 먹고 우유를 한 잔 마십니다. 빵도 한 개 먹습니다. 아침에 물을 마시지 않습니다.

2 **토니** 왕리 씨, 운동 잘하지요? 이번 주말에 같이 농구를 할까요?

 왕리 네, 좋아요.

 토니 토요일 아침이 어때요?

 왕리 미안하지만 토요일 아침에 학교에서 약속이 있어요.

 토니 몇 시에 끝나요?

 왕리 11시쯤 끝나요.

 왕리 그럼, 약속이 끝나고 학교 앞에서 11시에 만날까요?

 토니 네, 좋아요. 농구하고 식사합시다.

② 한번 먹어 보세요.

듣기/말하기 听/说

1 (1) **민수** 저는 혼자 삽니다. 주말에 분식을 자주 먹습니다.
   매운 떡볶이를 아주 좋아합니다. 라면과 국수도 좋아합니다.

 (2) **밍밍** 저는 친구와 같이 삽니다. 보통 주말에 10시까지 잡니다.
   아침을 먹지 않습니다. 점심은 친구가 만든 요리를 먹습니다.
   친구가 요리를 잘합니다. 맛있는 음식을 자주 만듭니다.

③ 친구들과 같이 먹겠어요.

듣기/말하기 听/说

1 **여** 왕리 씨는 아침을 먹어요?

 남 네, 먹어요. 그렇지만 가끔 먹어요.

 여 점심은 보통 뭘 먹어요?

 남 친구들과 같이 한식당에 가서 찌개를 자주 먹어요.

 여 저도 찌개를 좋아해요. 그래서 순두부찌개를 자주 먹어요. 제가 유명한 식당을 알아요. 좀 멀지만아주 맛있어요. 다음에 같이 가겠어요?

 남 좋아요. 다음 주에 시험이 끝나고 가요.

④ 한국 음식 만들기를 좋아해요.

쓰기/듣기 写/听

2 **여** 왕리 씨는 뭘 먹기 좋아해요? 어떤 한국 음식을 자주 먹어요?

 남 저는 닭고기로 만든 요리를 좋아해요. 그래서 찜닭, 삼계탕을 자주 먹어요.

 여 어떤 음식을 먹기 싫어해요?

 남 저는 야채 먹기를 싫어해요. 그래서 비빔밥, 콩나물국밥을 잘 안 먹어요.

듣기/말하기 听/说

1 **가** 왕리 씨, 한국에서 버스를 타기가 어때요?

 나 버스를 타기가 편해요.

 가 한국말을 배우기가 어때요?

 나 한국말 배우기가 좀 어려워요. 그렇지만 재미있어요.

 가 한국 음식이 어때요?

 나 맛있어요. 그렇지만 저에게 짠 음식이 많아요.

⑤ 다시 공부해 봅시다

5 **밍밍** 토니 씨 어디 가요?

 토니 왕리 씨 생일 선물을 사러 백화점에 갈 거예요.

 밍밍 명동백화점에 가지요?

 토니 네, 거기에 갈 거예요

 밍밍 저도 같이 가요. 제 차를 같이 타고 갈까요?

 토니 그래요. 먼저 책을 교실에 놓고 오겠어요. 십 분만 기다리세요.

 밍밍 네, 기다리겠어요.

6 **리타** 왕리 씨, 점심을 먹으러 갈까요?

왕리 네, 좋아요. 무슨 음식을 먹을까요?

리타 콩나물국밥 좋아해요? 공원 근처 식당이 싸고 맛있어요.

왕리 그 식당 저도 알아요. 냉면과 비빔밥이 한 그릇에 5000원이지요?

리타 네, 맞아요.

왕리 갑시다. 저는 냉면을 먹을 거예요. 점심을 먹고 커피도 마실까요?

리타 네, 좋아요. 지금 가겠어요?

왕리 네, 지금 갑시다.

第07章 쇼핑

01 수박 한 통에 얼마예요?

1 **밍밍** 아저씨, 이 공책 얼마예요?

남자 그 공책은 한 권에 천 원입니다.

밍밍 이 지우개 한 개에 얼마예요?

남자 칠백 원입니다.

밍밍 공책 두 권하고 지우개 한 개 주세요.

남자 여기 있습니다. 모두 이천칠백 원입니다.

2 **남** 아주머니, 안녕하세요? 무슨 과일이 맛있어요?

여 요즘 딸기가 맛있지만 좀 비싸요. 1kg에 만 원이에요.

남 너무 비싸요.

여 요즘 날씨가 더워서 딸기가 비싸요. 하지만 바나나는 좀 싸요.
한 송이에 삼천 원이에요.

남 그래요? 그럼 바나나 세 송이 주세요.

02 오늘은 바쁘니까 내일 갑시다.

1 **리타** 토니 씨, 등산 좋아해요?

토니 네, 좋아하지만 요즘은 바빠서 갈 수 없어요.

리타 요즘 날씨가 좋으니까 이번 일요일에 등산 갈까요?

토니 좋아요. 어느 산에 갈까요?

리타 저는 북한산에 가 보고 싶어요.

토니 그런데 지금 등산화가 없어요. 등산화를 살까요?

리타 북한산은 별로 높지 않으니까 운동화도 괜찮아요.

2 **여** 우리 명동백화점을 찾아 주신 손님 여러분께 감사드립니다. 오늘부터 이번 주말까지 여름 옷을 세일합니다. 티셔츠는 두 장에 만 원, 양말은 세 켤레에 이천 원, 모자는 한 개에 사천 원입니다. 여름 바지가 한 벌에 2만 원, 원피스는 한 벌에 이만 오천 원입니다. 아주 싸고 좋습니다. 오셔서 즐거운 쇼핑하십시오.

03 이 운동화는 정말 편하군요.

1 **여** 어서 오세요.

남 어제 여기에서 산 바지가 좀 작아요.

여 바지를 교환하러 오셨군요. 그러면 더 큰 것 으로 드릴까요?

남 아니요, 티셔츠로 교환하고 싶어요. 저기에 있는 까만색 티셔츠로 주세요.

여 네, 여기 있습니다. 바지를 산 영수증을 주세요.

남 네, 여기 있습니다.

2 **여** 이 휴대전화를 좀 볼 수 있어요?

남 그럼요. 요즘 휴대전화 중에서 제일 인기 있 는 전화예요.

여 그런데 좀 크군요. 더 작은 휴대전화를 찾고 있어요.

남 그럼 이것은 어떻습니까? 작고 가벼운 전화 기예요.

여 네, 그게 마음에 들어요. 이걸로 주세요. 지 금부터 사용할 수 있어요.

남 아니요, 1시간 후부터 사용할 수 있어요.

04 전자 상가에 가서 전자사전을 샀어요.

1 왕리 씨는 어제 수업 후에 전자 상가에 갔습니다. MP3를 사고 싶었습니다. 전자 상가에는 사람들 도 많고 물건들도 아주 많았습니다. 여러 가게 를 구경했습니다. 빨간색과 파란색 MP3가 마 음에 들었습니다. 하지만 빨간색 보다 파란색이 값이 더 싸고 좋았습니다. 주인아저씨가 3천 원 을 깎아 주서서 7만 5천 원에 샀습니다. 생각보 다 싸게 사서 정말 기분이 좋았습니다.

第**08**章 전화

❶ 이 선생님 계시면 좀 바꿔 주세요.

말하기/듣기 说/听

3 유미코 여보세요?

토니 여보세요?

유미코 토니 씨, 저 유미코인데요. 실례지만 리타 씨 전화번호 좀 가르쳐 주세요.

토니 네, 잠깐 기다려 주세요. 리타 씨. 전화번호는 871-2239예요.

유미코 네, 고마워요.

4 유미코 여보세요? 리타 씨, 저 유미코예요.

리타 아, 유미코 씨, 무슨 일이에요?

유미코 내일 제가 영화관에 갈 수 없어요. 일이 많아서 바빠요.

리타 그래요? 그럼 다음에 영화를 봐요.

유미코 네, 미안해요. 리타 씨.

리타 괜찮아요.

5 토니 리타 씨, 어디 아파요?

리타 네, 배가 좀 아파요.

토니 언제부터 아팠어요?

리타 아침부터 아팠어요.

토니 배가 많이 아프면 병원에 가세요.

❷ 전화벨 소리를 못 들었어요.

듣기/말하기 听/写

1 남 여보세요?

여 네, 말씀하세요.

남 거기 한국대학교 사무실입니까?

여 아니요, 잘못 거셨습니다. 여기는 도서관입니다.

2 토야 여보세요? 왕리 씨.

왕리 안녕하세요? 토야 씨.

토야 왕리 씨, 오늘 날씨가 좋은데 뭐해요? 친구들과 공원에 가는데 같이 갈 수 있어요?

왕리 미안해요. 못 가요. 내일 시험이 있어요.

토야 시험이 있군요.

왕리 네, 다음에 같이 갑시다.

❸ 리타 씨에게서 문자메시지를 받았어요?

듣기/말하기 听/说

1 토니 여보세요? 밍밍 씨예요?

밍밍 네, 토니 씨, 안녕하세요?

토니 오늘 리타 씨한테 제 편지를 줬어요?

밍밍 네, 줬어요. 그리고 리타 씨가 토니 씨한테 편지를 써서 줬어요.

토니 그래요? 학교에서 내일 줄 수 있어요?

밍밍 네, 내일 줄게요.

2 왕리 토야 씨, 저 왕리예요.

토야 네, 안녕하세요?

왕리 토야 씨는 오늘 리타 씨 생일에 가요?

토야 네, 가요.

왕리 지금 리타 씨가 전화를 안 받아요.

토야 그래요?

왕리 네, 제가 오늘 일이 있어서 리타 씨 생일에 못 가요. 미안한데 리타 씨한테 이야기 해 주세요.

토야 네, 제가 리타 씨한테 이야기할게요.

❹ 저도 잘 몰라요.

듣기/말하기 听/说

1 남 오늘 저녁에 시간이 있어요? 같이 저녁을 먹을까요?

여 요즘 제가 저녁에 한국어를 배워요.

남 매일 가요?

여 네, 매일 가서 배워요.

남 저도 조금 배웠는데 지금은 잘 못해요. 한국어를 잘 하겠어요.

여 아니요. 아직 잘 못해요. 이 책이 요즘 제가 배우는 한국어 책이에요.

남 어렵겠어요.

2 남 여보세요? 미나 씨, 저예요.

여 네, 안녕하세요? 무슨 일이에요?

남 미나 씨, 미안한데 오늘 병원에 일이 많아서 저녁에 못 만나겠어요.

여 괜찮아요. 바쁘면 다음에 만나요. 그런데 피곤하겠어요.

남 좀 피곤하지만 괜찮아요.

여 일이 끝나면 저한테 전화해 주세요.

3 여 어제 계속 전화를 했는데 왜 전화를 안 받았어요?

남 미안해요. 전화기에 배터리가 없어서 못 받
    았어요.

여 문자메시지도 보냈는데 왜 전화를 안 했어요?

남 네? 저녁에 전화기를 확인했는데 문자메시
    지는 없었어요.

여 전화번호가 010-9856-3224번 아니에요?

남 제 전화번호는 010-9856-3324번이에요.

⑤ 다시 공부해 봅시다

3 남 여보세요. 거기 박민수 씨 집입니까?

여 네, 맞아요.

남 박민수 씨 부모님입니까?

여 아니요, 민수의 누나예요.

남 여기 사무실인데 오늘 박민수 씨가 회사에
    안 왔습니다. 무슨 일이 있습니까?

여 네? 저도 몰라요. 아침에 회사에 안 갔어요?
    제가 민수한테 전화하고 다시 연락 드릴게요.

第 **09** 章   **교통**

① 여기에서 거기까지 얼마나 걸려요?

1 민수 밍밍 씨, 고향이 중국이지요? 고향에서 서울
        까지 어떻게 왔어요?

   밍밍 네, 비행기로 왔어요.

   민수 비행기로 얼마나 걸려요?

   밍밍 1시간쯤 걸려요.

   민수 그런데 밍밍 씨 고향에서 한국까지 배로
        올 수 있어요?

   밍밍 네, 배로도 올 수 있어요. 배로는 12시간쯤
        걸려요.

2 리타 어제 뭐 했어요?

   왕리 신촌에 가서 영화를 봤어요.

   리타 그런데 대학로에서 신촌까지 어떻게 가요?

   왕리 혜화역에서 지하철을 타고 동대문역사문화
        공원역에서 2호선으로 갈아타세요. 그리고
        신촌역에서 내리세요.

   리타 지하철로 얼마나 걸려요?

   왕리 20분쯤 걸려요.

② 명동으로 가 주세요.

1 남 어서 오세요. 천천히 구경하세요.

   여 아저씨, 빨간 티셔츠 옆에 있는 노란 치마 좀
      보여 주세요.

   남 여기 있습니다.

   여 다른 색은 없어요?

   남 빨간색과 까만색도 있지만 손님에게 클 거예
      요. 같은 사이즈는 이 색깔과 파란색만 있어요.

   여 그럼, 그냥 이걸로 주세요.

2 남 어디 가십니까?

   여 강남역 근처로 가 주세요.

   남 강남역 어디로 가십니까?

   여 강남역 근처에 있는 서울호텔 앞으로 가 주세
      요. 그런데 어느 쪽으로 가는 것이 빨라요?

   남 보통 때는 동쪽으로 가는 것이 빨라요. 하지
      만 지금은 퇴근 시간이니까 서쪽으로 가는
      것이 빠를 거예요. 그쪽으로 갈까요?

   여 네, 그럼 그쪽으로 가 주세요.

③ 오후에 서울서점에 가려고 해요.

1 여 민수 씨는 이번 주말에 뭐 하세요?

   남 저는 고향에 가려고 해요. 유미코 씨는요?

   여 저는 집에서 좀 쉬려고 해요. 고향은 어떻게
      가세요?

   남 고속버스로 가려고 해요. 표만 있으면 금요
      일 저녁에 출발할 거예요.

   여 가족들과 시간을 보낼 수 있어서 좋겠어요.

   남 네, 기분이 아주 좋아요.

2 남 밍밍 씨는 집이 학교 근처지요? 얼마나 걸려요?

   여 네, 집에서 학교까지 걸어서 10분쯤 걸려요.
      토니 씨는 집이 어디예요?

   남 저는 홍제역 근처에서 친구와 같이 살아요.
      보통은 지하철을 타고 다니지만 가끔 택시도
      타요.

   여 지하철을 타고 어떻게 와요?

   남 홍제역에서 3호선을 타고 충무로에서 4호선
      으로 갈아타요. 그리고 혜화역에서 내려요.
      아침에 출근하는 사람이 많아요.

   여 아침에 사람이 많아서 갈아타기 힘들겠어요.

듣기/읽기 听/读

1 여 이번 역은 시청, 시청역입니다. 2호선을 타
실 분은 이번 역에서 내리십시오. 내리실 문
을 오른쪽입니다. 다음 역은 서울역, 서울역
입니다.

2 남 저는 이번 설 연휴에 고향에 가려고 하는데
수정 씨는 뭐 할 거예요?

여 친구와 같이 부산에 가려고 해요.

남 무엇을 타고 갈 거예요?

여 비행기나 기차로 가려고 해요.

남 부산은 요즘 날씨가 어때요?

여 아, 바람은 많이 부는데 춥지는 않아요.

05 다시 공부해 봅시다

7 남 리타 씨는 내일 부산에 가는데 어떻게 입을
거예요?

여 저는 파란 티셔츠와 하얀 반바지를 입으려고
해요.

남 신발은요?

여 신발은 빨간색이나 노란색 운동화를 신으려
고 해요.

남 아, 예쁘시겠어요! 그런데 집에서 공항까지
어떻게 갈 거예요?

여 택시를 타려고 했는데 출발 시간이 출근
시간이어서 지하철로 가려고 해요.

第10章 방학

01 이번 시험이 어려울까요?

듣기/말하기 听/说

1 남 리타 씨, 방학에 뭐 할 거예요?

여 저는 집에서 좀 쉬고 싶어요. 그리고 공부를
좀 더 하려고 해요. 왕리 씨는요?

남 저는 한국 친구들과 여행을 하려고 해요.

여 그래요? 어디로 가요?

남 부산이나 제주도에 가려고 해요.

여 방학에는 기차나 비행기 모두 사람이 많아요.
여행 가기 전에 꼭 표 먼저 사세요.

남 네, 돌아오면 도서관에서 만나요. 제가 모르

는 것을 알려주세요.

2 남 유미코 씨, 방학에 고향에 돌아가요?

여 아니요, 우리 부모님이 한국에 오실 거예요.

남 그래요? 부모님이 오시면 뭘 할 거예요?

여 먼저 맛있는 한국 음식을 먹을 거예요. 그리
고 뭘 하면 좋을까요?

남 한국 전통 공연을 보면 좋아요. 부채춤이나
사물놀이 공연이 재미있을 거예요.

여 그럼, 부채춤 공연을 보겠어요. 공연장에 가
면 표를 살 수 있지요?

남 아니요, 가기 전에 인터넷으로 표를 사세요.

여 그렇군요. 고마워요, 민수 씨.

02 한 학기 동안 도와주셔서 감사합니다.

듣기/말하기 听/说

1 남 미나 씨, 저 내일 고향에 가요.

여 얼마 동안 고향에 있어요?

남 일주일 동안 있을 거예요. 친구들도 만나고
고향 음식도 많이 먹을 거예요.

여 네, 잘 다녀오세요.

남 처음 한국에 와서 많이 힘들었는데 미나 씨
가 도와줘서 고마웠어요.

여 아니요, 제가 뭘요.

남 다음에 저희 고향에 한번 오시겠어요? 제가
초대하겠어요.

여 네, 다음에 한번 가겠어요.

2 남 어서 오세요. 리타 씨, 와 주셔서 고마워요.

여 초대해 줘서 고마워요. 왕리 씨, 이거 꽃인데
선물이에요.

남 고맙습니다.

여 다른 친구들은 왔어요?

남 토니 씨는 오늘 좀 늦어요. 유미코 씨도 이따
가 올 거예요.

여 그럼 친구들이 오기 전에 왕리 씨 일을 도와
드리겠어요.

남 괜찮아요. 음식 준비는 다 했어요.

3 남 여보세요? 세계여행사입니다.

여 안녕하세요? 비행기표를 예약하고 싶어요.

남 네, 어디로 예약하시겠어요?

여 프랑스에 가려고 해요.

남 언제 가시겠어요?

여 다음 주 토요일 밤 비행기로 예약하고 싶어요.

남 죄송합니다. 주말이어서 표가 없는데 일요일

오전이나 금요일 밤으로 예약하시겠어요?

여 네, 그럼 일요일 오전으로 하겠어요. 오전 몇 시에 출발해요?

남 오전 7시에 출발해요. 몇 명 예약하시겠어요?

여 한 명이요. 창문 옆으로 예약해 주세요.

⑬ 제주도에 가 봤어요?

듣기/쓰기 听/写

1 여 동해에 가 봤어요?

남 네, 가 봤어요. 정말 아름다운 곳이에요.

여 거기에서 뭐 했어요?

남 바다에서 수영도 하고 맛있는 음식도 먹었어요.

여 설악산 등산도 했어요?

남 아니요. 설악산에는 못 가 봤어요.

2 남 리타 씨, 주말에 뭐 했어요?

여 친구랑 인사동에 갔어요.

남 인사동에서 무엇을 할 수 있어요?

여 옛날 물건도 구경하고 공연도 볼 수 있어요. 토니 씨도 시간이 있으면 한번 가 보세요.

남 그럼, 다음 주말에 같이 가요.

여 네, 좋아요.

⑭ 한국어를 처음 배울 때가 생각나요.

말하기/듣기 说/听

3 (1) 남 밍밍 씨는 시간이 있을 때 뭘 해요?

여 저는 시간이 있을 때 책을 읽어요.

남 무슨 책을 읽어요?

여 한국 역사책을 좋아해서 자주 읽어요.

(2) 여 토니 씨는 심심할 때 뭘 하세요?

남 저는 운동을 좋아해요. 심심할 때 자전거를 타고 한강에 가요.

여 한국에 오기 전에 자전거를 탔어요?

남 아니요, 타지 못했어요. 한국 와서 배웠어요.

(3) 남 유미코 씨는 고향에 가고 싶을 때 어떻게 해요?

여 한국에 오기 전에 가족들이랑 사진을 많이 찍었어요. 가족 사진을 봐요.

(4) 여 왕리 씨는 외로울 때 뭐 해요?

남 저는 고향 음식을 만들고 친구들을 초대해요. 친구들과 같이 이야기를 많이 하면 외롭지 않아요.

4 (1) 남 밥을 먹을 때 사용해요. 한 개만 있으면 안 돼요.

(2) 여 이것은 책을 읽을 때 사용해요. 잠을 잘 때는 벗고 자요.

(3) 남 이것은 공부할 때 사용해요. 모르는 단어가 있을 때 사용해요.

(4) 여 학교에 올 때 봐요. 매일 아침 세수를 하고 봐요.

⑮ 다시 공부해 봅시다

4 미나 왕리 씨, 방학 동안 뭐 할 거예요?

왕리 저는 방학 동안 공부를 하고 싶어요. 학교에 다닐 때는 너무 바빠서 복습을 잘 하지 못했어요.

미나 공부도 좋지만 여행도 좀 하세요.

왕리 네, 시간이 있으면 여행을 가려고 해요. 미나 씨는요?

미나 저는 가족들이랑 시골에 갈 거예요. 할아버지가 시골에 계세요.

왕리 얼마동안 있을 거예요?

미나 이 주 동안 있을 거예요.

왕리 잘 다녀오세요.

5 여 왕리 씨, 부산에 가 봤어요?

남 네, 이번 방학에 가 봤어요.

여 누구와 같이 갔어요?

남 반 친구들이랑 같이 갔어요.

여 부산에 어떻게 갔어요?

남 KTX를 타고 갔어요.

여 부산에 있을 때 어디에서 지냈어요?

남 해운대 근처 호텔에서 지냈어요.

여 여행이 어땠어요?

남 날씨가 조금 더웠지만 아주 좋았어요.

第06章 음식

01 점심 먹으러 갈까요?

王力	丽塔, 一起去吃午饭吗?
丽塔	嗯, 吃什么呢?
王力	今天想吃冷面。
丽塔	一起去公园附近的韩餐厅吗? 那里很有名。
王力	好啊。
丽塔	先吃午饭, 然后去喝杯茶。

02 한번 먹어 보세요.

王力	丽塔, 你喜欢什么料理?
丽塔	我喜欢参鸡汤。
王力	参鸡汤是怎样的料理?
丽塔	是鸡和人参一起做的饮食。
王力	是辣的吗?
丽塔	不辣。很好吃。王力(你)也尝一尝吧。

03 친구들과 같이 먹겠어요.

主人	这是菜单。请问点什么?
丽塔	请给4人份烤肉。还有一瓶可乐。
主人	4人份有点多。
丽塔	朋友们马上就来了。所以4人份不多。
主人	和朋友一起吃, 是吧?
丽塔	是的, 过一会和朋友们一起吃。

04 한국 음식 만들기를 좋아해요.

托尼	由美子, 经常做饭吗?
由美子	是的, 我喜欢做韩国菜。
托尼	最擅长做什么?
由美子	我最擅长做参鸡汤。
托尼	参鸡汤是用什么做的?
由美子	用鸡肉和人参做的。对健康真的很好。

第07章 쇼핑

01 수박 한 통에 얼마예요?

丽塔	西瓜一个多少钱?
老板	一个15,000韩币。
丽塔	请给我一个西瓜。葡萄多少钱?
老板	1公斤7000韩币。要葡萄吗?
丽塔	要, 请给我1公斤。
老板	最近葡萄很好吃所以买的人很多。

02 오늘은 바쁘니까 내일 갑시다.

托雅	王力, 从今天到这次周末百货店打折。明天一起去百货店好吗?
王力	是吗? 因为朋友结婚我需要西装。今天一起去吧。
托雅	今天我有点忙, 明天去吧。
王力	好啊。那么明天几点见面呢?
托雅	明天10点左右见面怎么样?
王力	因为百货店10点半开门, 我们11点见面吧。

03 이 운동화는 정말 편하군요.

明明	可以试穿一下蓝色的运动鞋吗?
老板	试穿一下吧。这是最近年轻人最喜欢的鞋子。
明明	这运动鞋真的很舒服。
老板	是的。它是这里最有人气的鞋子。
明明	那个蓝色的帽子多少钱?
老板	25,000韩币。试一下吧。

04 전자 상가에 가서 전자사전을 샀어요.

托尼	这词典很沉不方便。(我)需要新的词典。
李秀彬	买别的词典吧。
托尼	所以昨天去家附近的百货商店了。很贵。
李秀彬	我去电子商街买了电子词典。你去看看吧。
托尼	那里价格便宜吗?
李秀彬	是的, 比百货商店便宜, 东西也多。

第08章 전화

01 이 선생님 계시면 좀 바꿔 주세요.

王力	喂? 是办公室吗?
金秀贞	是的, 请问您找谁?
王力	你好? 我是1级学生王力。李老师在的话请让他接电话。
金秀贞	好的, 请稍等。
王力	谢谢。
金秀贞	李老师, 请接电话。

02 전화벨 소리를 못 들었어요.

王力	丽塔, 早上为什么没接电话? 有什么事情吗?
丽塔	我头很疼所以一直睡觉了。没听到电话铃声。
王力	吃药了吗?
丽塔	没有。还没吃。
王力	头疼为什么不吃药?
丽塔	经常吃药不好。休息一下就会好的。

❸ 리타 씨에게서 문자메시지를 받았어요?

由美子	敏洙，明天约定的地点改了，收到丽塔的短信了吗？
朴敏洙	是的，我也收到了。
由美子	敏洙，你给丽塔买礼物了吗? 我还没买。
朴敏洙	我也还没买，我们一起去买吧。
由美子	好啊。送给丽塔CD，好不好？
朴敏洙	好啊。她肯定会喜欢。

❹ 저도 잘 몰라요.

金秀贞	丽塔没来学校。有什么事情吗？
托尼	我也不知道。
金秀贞	给他打电话了吗？
托尼	我给他打电话但是很快就挂了。
金秀贞	你心情不好吧。
托尼	我没关系。老师再试着打一次吧？
金秀贞	好的，我再打一次。

第09章 교통

❶ 여기에서 거기까지 얼마나 걸려요?

王力	打扰一下。请问从这里怎么去南大门市场?
女子	去对面坐106路公交车。
王力	在哪里下车呢？
女子	在南大门市场站下车。
王力	从这到那里需要多长时间？
女子	坐公交车需要20分钟左右。

❷ 명동으로 가 주세요.

司机	要去哪里？
王力	请去明洞。
司机	在哪里停车？
王力	请在地铁站附近的白色建筑物前边停车。但是从哪边走会更快一些呢？
司机	现在是上班时间这边会更快一些。
王力	因为时间很紧迫，请开快一点。

❸ 오후에 서울서점에 가려고 해요.

托雅	我下午打算去首尔书店。怎样去呢？
托尼	首先在学校前面坐地铁4号线。在忠武路下车换乘3号线。
托雅	还有在哪里下车？
托尼	从景福宫站4号出口出来。
托雅	从地铁站到首尔书店需要多长时间？
托尼	坐公交车大约需要5分钟。

❹ 버스나 지하철로 갈 수 있어요.

由美子	老师，从这怎么去韩国大学？
金秀贞	坐公交或地铁都能去。地铁快但是有点拥挤。

由美子	那么公交车要怎么坐?
金秀贞	首先坐101路公交车到市政府下车。在市政府换乘201路或304路公交车。
由美子	需要多久？
金秀贞	可能需要30分钟左右。

第10章 방학

❶ 이번 시험이 어려울까요?

托尼	由美子，期末考试准备好了吗？
由美子	没有，打算从今天开始准备。
托尼	但是这次考试会难吗？
由美子	托尼努力学习了，应该会考好的。
托尼	考试结束后班里的同学一起吃饭怎么样？
由美子	好的，很好的想法。回家乡之前一起见面吧。

❷ 한 학기 동안 도와주셔서 감사합니다.

金秀贞	请进。王力请坐这里。
王力	谢谢老师。
金秀贞	现在放假了，有什么事吗？
王力	在回老家之前，想来向老师问候一下。
金秀贞	是吗？放假期间回家乡啊。祝你一路顺风。
王力	是的。很感谢您在一个学期里对我的教导。

❸ 제주도에 가 봤어요?

朴敏洙	丽塔，去过济州岛吗？
丽塔	没，还没去过.
朴敏洙	去看一看吧。真的是很漂亮的地方。
丽塔	敏洙你什么时候去过的？
朴敏洙	我去年夏天和冬天和朋友们一起去的。品尝了美味的食物也去海边游泳了。
丽塔	这次放假我也想去。

❹ 한국어를 처음 배울 때가 생각나요.

托尼	明明，明天课程就结束了吧？
明明	是的，已经结束1级了。
托尼	是啊。想起刚学习韩国语的时候了。
明明	那时韩语不好非常吃力。
托尼	刚开始虽然吃力现在好了吧？
明明	是啊。进入2级后更加努力学习要拿奖学金。

第06章 음식

한국인의 밥상 韩国人的饭桌

여러분 나라를 대표하는 전통 음식은 무엇입니까? 한국 사람의 의생활과 주생활에는 많은 변화가 있었지만 식생활 중 전통음식은 아직까지도 계속되고 있습니다. 또한 한식이 세계적으로 발전함에 따라 세계 여러 나라 사람들도 맛있는 음식을 즐기고 있습니다.

한국 상차림에서 가장 기본적인 것은 밥, 국, 김치입니다. 이 밖에도 여러 가지 반찬과 된장국 등이 있습니다. 한국 사람들이 요리를 할 때나 식사를 할 때 꼭 먹는 것은 된장, 고추장, 맛을 조절하는 장과 고춧가루, 소금과 같은 양념입니다. 맛을 내기 위해서 음식에 넣기도 하고 된장에 찍어 먹는 것처럼 반찬으로 먹기도 합니다.

한국의 상차림은 독특합니다. 식사 시 사용하는 낮은 식탁을 '밥상'이라고 부릅니다. 밥상을 차릴 때는 밥을 먹은 사람이 편리하도록 밥은 왼쪽에, 국은 오른쪽에 놓습니다. 숟가락과 젓가락은 밥과 국 사이에 놓습니다. 상의 가운데에는 간장을 놓고, 찌개, 고기 요리, 생선 요리를 놓습니다. 그리고 그 주변에 김치, 김, 야채 볶음 등 여러 가지 반찬을 놓습니다.

한국의 밥상에서 밥과 국을 제외하고는 모든 음식은 다른 사람과 같이 나눠 먹습니다. 한국 사람들은 함께 식사하는 것을 중요하게 생각합니다. 그래서 이렇게 함께 나눠 먹는 입을 비유해서 한 집에 사는 사람이나 같은 조직의 사람을 '밥을 먹는 입', 즉 '식구'라고 부릅니다.

第07章 쇼핑

한국의 상점 韩国的商店

한국에서 생활 용품을 구입할 때는 백화점, 대형할인마트, 시장, 동네의 작은 슈퍼마켓이나 24시간 편의점에서 물건을 쉽게 살 수 있습니다. 대부분 물건은 정해진 가격이 표시되어 있으나 시장의 물건은 가격 표시가 되어 있지 않은 것이 많습니다. 그래서 재래시장에서 물건을 살 때는 여러 곳을 둘러보고 가격을 비교하고, 물건 값을 흥정한 후에 사는 것이 좋습니다.

시장 – 동대문시장, 남대문시장 또는 동네의 시장은 보통 물건 값이 싸고 그 종류가 다양합니다. 가격 표시가 없는 물건이 많아서 흥정을 할 수 있습니다.

백화점 – 제품의 품질을 믿을 수 있으며 서비스가 좋습니다. 그리고 영수증을 가지고 있으면 교환이나 환불도 편리합니다. 물건이 종류별로 정리가 잘 되어 있고 모든 물건에 가격이 표시되어 있습니다. 그러나 물건 값이 비싼 편입니다.

대형할인마트 – 다른 곳에 비해 값이 싸며 많은 물건을 한꺼번에 구입할 때 편리합니다. 백화점과 같이 물건이 종류별로 정리가 잘 되어 있고 모든 물건에 가격이 표시되어 있습니다.

第08章 전화

한국의 주요 전화번호 韩国常用的电话号码

우리들은 살면서 미처 예기치 못한 일들과 맞닥뜨리게 되는 경우가 종종 있습니다. 가령 아주 사소한 실수로 화재가 일어날 수도 있고 평생 갈 일 없던 대사관이나 법원의 전화번호가 필요해 이리저리 물어 봐야 할 때도 있습니다. 만약 여러분에게 이와 같은 경우가 일어난다면 여러분은 어떻게 하시겠습니까? 주위의 친구들에게 전화를 해서 물어 보겠습니까? 아니면 직접 용건이 있는 그곳으로 찾아가서 일을 해결하겠습니까?

한국에는 알아두면 편리한 주요 전화번호가 있습니다. 아래와 같이 소개합니다.

119: 화재 신고 전화입니다. 만약 갑자기 아프거나 사고가 났을 때에도 전화를 할 수 있습니다. 소방서 대원이 신속하게 출동하여 여러분을 도와 줄 겁니다.

114: 전화번호를 안내해 주는 곳입니다. 은행이나 학교, 대사관 등 알고 싶은 곳의 전화번호를 친절하게 알려 줄 겁니다.

112: 집에 도둑이 들었거나 밖에서 소매치기 등을

당했을 때 경찰에게 도움을 청하십시오. 그리고 길을 잃어 버렸을 때에도 경찰서에 신고를 할 수 있습니다. 경찰관이 여러분의 사고, 사건을 신속하게 해결해 줄 겁니다.

131: 날씨 정보가 궁금할 때 전화를 해 보십시오. 안내 직원이 친절하게 알려 줄 겁니다.

第09章 교통

한국의 대중교통수단 韩国的大众交通手段

여러분은 학교에 올 때 보통 어떤 교통수단을 이용합니까? 그리고 교통 요금을 어떻게 지불합니까? 요즘 한국 사람들은 버스나 지하철을 탈 때 보통 현금보다 교통 카드를 사용합니다. 교통 카드란 대중교통수단의 요금이나 유료 도로의 통행료를 지불할 때 주로 사용되는 일종의 전자 화폐입니다. 최근에는 사용량을 계산하여 혜택을 주거나, 일반 상점에서 현금처럼 사용할 수 있는 기능을 갖춘 것도 있습니다.

여러분은 서울 버스 색깔의 의미를 아십니까? 빨간색은 서울과 수도권 도시를 연결하는 광역 버스이고, 파란색 간선 버스는 지역 간 중ㆍ장거리를 운행하는 버스이고, 초록색은 지하철 노선을 연결하는 지선 버스이고 노란색은 주로 도심 지역을 순환하는 버스입니다.

第10章 방학

제주도 济州岛

제주도는 한반도 남서쪽에 있는 섬입니다. 한국에서 가장 큰 섬이고 유명한 관광지이기도 합니다. 중앙의 한라산을 중심으로 완만한 경사를 이루어 동서 73km, 남북 41km의 타원형을 하고 있습니다.

제주도는 온대 기후에 속하며, 겨울에도 거의 영하로 떨어지지 않고 영상을 유지합니다. 한라산, 성산 일출봉, 거문오름 용암동굴계가 학술ㆍ문화ㆍ관광ㆍ생태 등의 가치와 중요성을 인정받아 2007년 6월, 제주 화산섬과 용암 동굴이 세계자연문화유산으로 선정되었습니다.

제주도는 '삼다도'라고 불리는데 세 가지가 제일 많다는 뜻입니다. 돌, 바람, 여자가 많습니다.

제주도는 화산 분출로 만들어진 섬이기 때문에 돌이 많습니다. '돌하르방'도 바로 이 화산 분출로 발생한 현무암으로 만들어졌습니다. 또한 제주도는 바다로부터 바람이 많이 불어오는 지형입니다. 한국의 다른 곳에 비해 바람이 아주 세게 붑니다. 그리고 제주에서는 옛날부터 남자들이 바다에 일을 하러 가서 돌아오지 못하는 경우가 많았습니다. 그래서 제주도 여성들은 남자들만큼 생활력이 강합니다.

掌握韩语 1下 初级
Master KOREAN

著作者	祥明大学国际语言文化教育学院教材开发部
	赵恒錄, 梁泰荣, 权钟分, 奇俊成, 金善熙, 崔银贞
翻译	李海英
初版发行	2013年 4月
第二次印刷	2019年 1月
发行人	郑圭道
编辑	李淑姬, 丁熙淑, 吴净旻
封面设计	金娜敬, 尹智映
内部设计	崔英兰
校对	卢鸿金
插图	AFEAL
配音	李东恩, 崔在镐

DARAKWON

地址: 韩国京畿道坡州市文发路 211, 邮编: 413-120
电话: 02-736-2031, 传真: 02-732-2037
(销售部 分机: 250～252, 编辑部 分机: 420～426)

Copyrights © 2013, 祥明大学国际语言文化教育学院教材开发部
赵恒錄, 梁泰荣, 权钟分, 奇俊成, 金善熙, 崔银贞

本书由DARAKWON独家授权发行，保证所有权利。
禁止擅自复制全部或部分内容。

定价　17,000 元 (含本书，MP3光盘一张)

ISBN: 978-89-277-3104-7 18710
　　　978-89-277-3102-3 (set)

http://www.darakwon.co.kr
http://koreanbooks.darakwon.co.kr

可登录DARAKWON网站查阅其他出版品及书籍介绍，附上的CD光盘
可下载MP3。